インクルーシブ教育システム時代の
就学相談・転学相談

一人一人に応じた学びの実現を目指して

宮﨑 英憲 監修

市川 裕二・緒方 直彦 企画・編集

全国特別支援教育推進連盟 編著

まえがき

　インクルーシブ教育システムにおいては、同じ場で共に学ぶことを追求するとともに、個別の教育的ニーズのある幼児児童生徒に対して、自立と社会参加を見据えて、その時点で教育的ニーズに最も的確に応える指導を提供できる、多様で柔軟な仕組みを整備することが重要である。小・中学校における通常の学級、通級による指導、特別支援学級、特別支援学校といった、連続性のある「多様な学びの場」を用意しておくことが必要とされている。このことは、平成29年に告示された幼稚園教育要領及び学習指導要領（小・中学校・特別支援学校）での障害のある子どもたちの学びの場の柔軟な選択を踏まえ、幼稚園、小・中学校、高等学校の教育課程と特別支援学校の教育課程を連続性が重視されたことからもうかがい知ることができる。

　平成25年に「学校教育法施行令の一部を改正する政令」に基づき、障害のある子どもの就学先決定について、一定の障害のある子どもは原則として特別支援学校に就学するというこれまでの学校教育法施行令における基本的な考え方を改め、市町村教育委員会が、個々の障害の状態等を踏まえた十分な検討を行った上で、小・中学校又は特別支援学校のいずれかを判断・決定する仕組みに改められている。

　特別支援教育は、全ての学校において実施されることに伴い、障害のある子どもの就学相談は、障害の状態、本人の教育的ニーズ、本人・保護者の意見、教育学、医学、心理学等の専門家からの意見等を踏まえ、全ての学校を対象に最も適切な就学先を決定する必要がある。また、入学後の合理的配慮の提供や、一人一人の子どもに応じた指導・支援の在り方の方向を示すことが必要となる。こうした流れの中で、各地、教育委員会、学校において、様々な就学相談・転学相談の取組が行われている。また、今後は、「多様な学びの場」において、一人一人の子どものニーズ等の応じた教育の提供と障害のある子どももない子どもも、状態に応じて、できる限り共に学ぶインクルーシブ教育システムの推進が求められていることは周知のとおりである。

　本書は、インクルーシブ教育システムの中での、就学相談・転学相談の在り方を整理するとともに、各地等で行われている具体的な取組を紹介することと合わせて、就学相談・転学相談に係る保護者・支援者の声を載せている。

　従来から就学相談・転学相談に関わってこられた教育委員会等相談担当、小・中学校の特別支援教育コーディネーター、特別支援学校就学相談担当の方々へ、改めて就学相談・転学相談に関する基本的な知識や相談の実際に関する技能の向上に資するとともに、障害のある子どもの保護者で就学相談・転学相談を受けられる方々への情報提供も意図して編集している。ご一読いただき、ご叱正を賜れば幸いである。

企画・編集者を代表して　宮﨑　英憲

目　次

まえがき

第1章　インクルーシブ教育システム時代の 就学相談・転学相談

1 就学相談・転学相談の考え方の変遷 ································10

（1）平成13〜15年の間の就学相談の改善／10

（2）特別支援教育時代の就学相談（平成17年〜）／14

（3）インクルーシブ教育システム時代を踏まえた就学相談（平成24年〜）／16

2 インクルーシブ教育システムにおける これからの就学相談・転学相談の在り方 ················22

（1）乳幼児を含む早期からの相談／23

（2）多様な学びの場を視野に入れた相談／24

（3）就学前機関と学校との支援の連携を深める相談／25

（4）就学後の指導・支援の方針を示す相談／26

（5）共同及び交流学習を推進する相談／27

（6）就学後の柔軟な転学を推進する相談／28

第2章　就学相談の実際

1 就学相談の概要 ································32

（1）就学先決定に係る法令等／32

（2）障害の状態等の変化を踏まえた転学 （学校教育法施行令第6条の3及び第12条関係）／35

（3）保護者及び専門家からの意見聴取の機会の拡大 （学校教育法施行令第18条の2関係）／35

（4）就学先決定の流れ及び留意点／35

2 就学相談に関する具体的取組・ポイント ················38

1．就学相談における保護者面接の在り方 ················38

　　2．就学相談における行動観察の仕方 ……………………………… 44

　　3．医学的観点からの把握 －知的障害・発達障害 (神経発達症) － ……………… 49

　　4．医学的観点からの把握 －肢体不自由－ …………………………… 53

　　5．学校見学や体験入学の仕方 ………………………………………… 58

3 都道府県教育委員会及び市区町村教育委員会の役割 ……………… 61

4 学校の役割 …………………………………………………………… 66

　　1．就学相談における学校の役割 (小学校) ……………………… 66

　　2．就学相談における学校の役割 (特別支援学校) ……………… 70

5 就学前機関の役割 …………………………………………………… 74

　　1．幼稚園や保育所などに期待すること ………………………… 74

　　2．療育センター等の就学支援 …………………………………… 78

　　3．就学支援に向き合う就学前機関の思いと試み ……………… 82

6 就学先決定での配慮事項 …………………………………………… 87

7 各障害の相談のポイント …………………………………………… 94

　　1．視覚障害のある子どもの就学相談のポイント ……………… 94

　　2．聴覚障害のある子どもの就学相談のポイント ……………… 98

　　3．肢体不自由のある子どもの就学相談のポイント …………… 102

　　4．病弱・身体虚弱の子どもの就学相談のポイント …………… 106

　　5．知的障害のある子どもの就学相談のポイント ……………… 110

第3章　インクルーシブ教育システム時代の 就学相談モデル

1 総合教育相談室の設置による特別支援教育の体制づくりと
新しい就学相談 〜三鷹市の取組〜 …………………………………… 116

2 他機関と連携した就学支援体制の構築 (就学相談チーム)
〜障害のある幼児をチームで支援する深谷市の取組〜 …………… 123

3 早期からの連携支援と相談体制の構築 〜岡谷市の取組〜 ……… 130

4 交流及び共同学習を推進する就学相談 〜東京都の取組〜 ……… 136

5 就学前機関と就学先の一貫した支援を目指した就学相談
〜葛飾区の取組〜 ……………………………………………………… 142

6 就学相談担当者の研修の充実 ～東京都の取組～ ……………………152

7 特別支援教育コーディネーターによる地域連携と就学相談 ……………157

第4章　転学相談の実際 ————————————

1 転学相談における本人及び保護者との面談による教育的
ニーズの把握 ……………………………………………166

2 校長の思料 ……………………………………………167

3 転学相談における学校見学、授業体験 ……………………167

4 市区町村教育委員会及び都道府県教育委員会の情報共有 ………168

5 転学相談にあたっての配慮事項 ……………………………168

6 転学後のフォローアップ ……………………………………170

7 転学先決定にあたっての留意事項 …………………………170

第5章　障害のある子どもの保護者・支援者の声 ——————

1　これから就学相談を受ける保護者の方へ、就学相談を実施する担当者の方へ

　　～成人障害者の支援者が保護者として就学相談を受けての提言～

　　　　　　　NPO 法人 NECST 就労移行支援事業所 ビルド神保町

　　　　　　　社会福祉士・精神保健福祉士・就労支援員　松原 未知 …174

2　就学相談から入学、そして高等部卒業を目前に、今思うこと

　　　　　　　東京都立港特別支援学校高等部3年生保護者　川村 智美 …179

3　肢体不自由特別支援学校での就学相談の経験や考え ～都肢P連会長の立場で～

　　　　　　　東京都肢体不自由特別支援学校 PTA 連合会

　　　　　　　東京都立村山特別支援学校 PTA 会長　空岡 和代 …181

4　就学・転学などに不安を感じる保護者を支える ～ホンネを語り、気持ちを共有～

　　　　　　　一般社団法人日本自閉症協会事務局長　大岡 千恵子 …186

5　保護者の思いに寄り添った就学相談の在り方 ～ペアレント・メンターの視点から～

　　　　　　　NPO 法人全国 LD 親の会副理事長　多久島 睦美 …189

第6章　就学相談・転学相談Q&A ————————

Q1 改正前の「認定就学者」と現在の「認定特別支援学校就学者」の違いを教えてください。 ················196

Q2 障害のある外国籍の子どもの就学相談の留意点を教えてください。 ················197

Q3 重複障害がある子どもの就学先決定に関する留意点は何ですか。また、就学先決定が難しい相談に対する就学相談担当者の基本的な対応について教えてください。 ················198

Q4 保護者が小学校卒業を機に特別支援学校中学部への就学を望んでいる場合の、学校としての対応について教えてください。 ················199

Q5 保護者が特別支援学校小学部卒業を機に中学校への就学を望んでいる場合の、学校としての対応について教えてください。 ················200

Q6 小・中学校に在籍している障害のある子どもの保護者から、年度途中に特別支援学校に転校させたいと相談を受けました。具体的な配慮事項を教えてください。 ················201

Q7 特別支援学校に在籍している障害のある子どもの保護者から、年度途中に小・中学校に転校させたいと相談を受けました。具体的な配慮事項を教えてください。 ················202

Q8 保護者に対する就学相談等に関するガイダンスや情報提供に関して有効な方法等があれば教えてください。 ················203

Q9 特別支援学級及び通級による指導、通常の学級、いずれの場が教育の場としてふさわしいかの判断にあたっての留意点は何ですか。 ················204

Q10 障害者基本法第16条第1項に「教育」について示されていますが、その解釈について教えてください。 ················205

〈資料〉就学相談・転学相談を進める上での法的根拠等 ················206

あとがき

監修・企画・編集・執筆者一覧

第1章

インクルーシブ教育システム 時代の就学相談・転学相談

① 就学相談・転学相談の考え方の変遷

ひと時代前の就学相談は、教育委員会が主体となり障害のある子どもの障害の状況等を踏まえ、通常の学級へ就学することがよいか、当時の盲・聾・養護学校へ就学することがよいかを決定することが主な相談の内容であった。その当時から約15年間、様々な検討や法律改正等を経て、現在の就学相談は、子ども一人一人の教育的ニーズに応じた支援を保障するために、本人・保護者と市区町村教育委員会、学校等が、障害のある子どもの教育的ニーズと必要な支援について合意形成を図る相談になったと言える。また、相談の仕組みは、教育、医療、保健、福祉等の連携の上、障害の状態、本人の教育的ニーズ、本人・保護者の意見、教育学、医学、心理学等専門的見地からの意見、学校や地域の状況等を踏まえ、総合的な観点から就学先を決定する形になっている。その際、市区町村教育委員会は、本人・保護者に対し十分な情報提供をしつつ、本人・保護者の意見を最大限尊重することを大切にしなければならない。ここでは、こうした就学相談の考え方が変わっていった検討経過や法律改正について、順を追って振り返ることとする。

（1）平成13～15年の間の就学相談の改善

この時代は、まだ、特殊教育の時代である。今後の特別支援教育時代の到来を検討しながらも、従前の場による教育を継続する中での就学相談の方法等について、検討と法律改正が行われた。

①「今後の特別支援教育の在り方について（最終報告）」（平成15年3月）

文部科学省は、平成13年から当時の障害のある児童生徒の教育をめぐる諸情勢の変化等を踏まえて、今後の特別支援教育の在り方について、調査研究協力者会議を設置し検討をすすめ、平成15年3月に、「今後の特別支援教育の在り方について（最終報告）」を示した。

この報告の基本的方向は、「障害の程度等に応じ特別の場で指導を行う『特殊教育』から障害のある児童生徒一人一人の教育的ニーズに応じて適切な教育的支援を行う『特別支援教育』への転換を図る」というものであった。

この場による教育から、一人一人の教育的ニーズに応じた教育への転換は、就学相談の考え方そのものの転換を促す報告となった。また、報告では特別支援教育の在り方を次のように示している。

○特別支援教育とは、従来の特殊教育の対象の障害だけでなく、LD、ADHD、

高機能自閉症を含めて障害のある児童生徒の自立や社会参加に向けて、その一人一人の教育的ニーズを把握して、その持てる力を高め、生活や学習上の困難を改善又は克服するために、適切な教育や指導を通じて必要な支援を行うものである。

○「個別の教育支援計画」（多様なニーズに適切に対応する仕組み）：障害のある子どもを生涯にわたって支援する観点から、一人一人のニーズを把握して、関係者・機関の連携による適切な教育的支援を効果的に行うために、教育上の指導や支援を内容とする「個別の教育支援計画」の策定、実施、評価（「Plan-Do-See」のプロセス）が重要である。

○特別支援教育コーディネーター（教育的支援を行う人・機関を連絡調整するキーパーソン）：学内、または、福祉・医療等の関係機関との間の連絡調整役として、あるいは、保護者に対する学校の窓口の役割を担う者として学校に置くことにより、教育的支援を行う人、機関との連携協力の強化が重要である。

○広域特別支援連携協議会等（質の高い教育支援を支えるネットワーク）：地域における総合的な教育的支援のために有効な教育、福祉、医療等の関係機関の連携協力を確保するための仕組みで、都道府県行政レベルで部局横断型の組織を設け、各地域の連携協力体制を支援すること等が考えられる。

この報告で示された「特別支援教育の在り方」から、就学相談は、障害のある子どもを通常の学級と盲・聾・養護学校のどちらに就学させるかという相談から、教育、福祉、医療等の関係機関の連携協力体制の構築を図りながら、障害のある児童生徒について、通常の学級における配慮、特別支援学級への就学、通級による指導の活用、特別支援学校への就学という幅広い支援の方法の中で、どのような支援をするかを検討する相談になった。

② 「障害のある子どものための教育相談体系化推進事業」（平成15年）

「今後の特別支援教育の在り方について（最終報告）」（平成15年3月）を受けて、文部科学省は、平成13年度・平成14年度に実施した「障害のある子どものための教育相談体系化推進事業」を平成15年度も継続し、教育委員会が福祉、保健、医療機関と連携して、障害のある子どもの教育相談体系化の一層の促進を図ることを目指した。この事業では、主に次のことが試行・検討された。

○個人情報保護の観点を踏まえて、就学前から卒業後までの教育相談のファイルの作成や在り方の検討及び可能な範囲で活用すること。

○障害のある子どもの保護者に対し、早期からの教育的対応についての相談、就学に関する相談等、個々の事例に応じて、関係機関の専門家による相談支援チー

ムを構成すること。

○障害のある子どもやその保護者への教育相談にあたっては、幅広い分野にまたがる相談の内容に適切に応えるよう教育関係者だけではなく、福祉、保健、医療等の関係機関の専門家との連携を図ること。

○福祉、保健、医療部局、保健所、福祉事務所、保育所、幼稚園、小・中学校、盲・聾・養護学校等の関係機関との連携を密にすること。

○特別支援教育の推進のため、盲・聾・養護学校や特殊学級等の専門性の活用をすること。

この事業では、教育・福祉・保健、医療の連携を深める教育相談体制の構築や就学前に幼児期から学校卒業後まで見通した一貫した支援体制の構築を図る検討がなされたと言える。また、この過程に中に、就学相談は位置づけられた。

③学校教育法施行令の改正・施行（平成 14 年 9 月）

改正・施行の時期は前後するが、上記の「今後の特別支援教育の在り方について（最終報告）」や「障害のある子どものための教育相談体系化推進事業」が検討・実施されている時期（平成 13 〜 15 年）に就学相談に関する大きな法改正が行われた。平成 14 年 9 月の学校教育法施行令の改正・施行である。改正・施行は平成 14 年 9 月であるため、就学相談の方法が実質変わったのは平成 15 年度の就学相談からである。

この改正の主な点は、次の 3 つのである。

○障害ごとに医学や科学技術の進歩等を踏まえ特別支援学校に就学すべき障害の程度（就学基準）を見直した。

○就学基準に該当する児童生徒で市区町村教育委員会が小・中学校において適切な教育を受けることができる特別の事情があると認める者（認定就学者）については、小・中学校に就学する認定就学制度を導入した。

○障害のある児童の就学先の決定に際して、市区町村教育委員会による、教育学、医学、心理学その他の障害のある児童生徒の就学に関する専門的知識を有する者の意見の聴取が義務付けられた。

法改正に合わせて文部科学省からは、専門家の意見を聴くため、専門家からなる就学指導委員会を設置することが重要であること、就学指導にあたっての留意事項として保護者の意見を聴いた上で就学先を総合的な見地から判断することが大切であることが示された。

この法改正において、就学先の決定において、教育学・医学・心理学その他の専門家の意見を聴取することが義務付けられたが、保護者の意見は聞くことという配

慮で終わっている。さらに、重要なことは、この時点においては、就学基準に該当する児童生徒は、盲・聾・養護学校に就学させるものであるという適性就学の考え方は変わっていないということである。このため、認定就学の考え方も、盲・聾・養護学校へ就学させるべき児童生徒であるが、市区町村が特別の事情があると認めた児童生徒はついては、小・中学校に就学することができるとされ、そのような児童生徒を「認定就学者」とした。この「認定就学者」の考え方は、後に変わることになるので注意していただきたい。

表1−1−1　平成14年学校教育法施行令による就学基準の改正

	改正後	改正前
視覚障害	両眼の視力がおおむね0.3未満のもの又は視力以外の視機能障害が高度のもののうち、拡大鏡等の使用によっても通常の文字、図形等の視覚による認識が不可能又は著しく困難な程度のもの	一　両眼の視力が0.1未満のもの 二　両眼の視力が0.1以上0.3未満のもの又は視力以外の視機能障害が高度のもののうち、点字による教育を必要とするもの又は将来点字による教育を必要とすることとなると認められるもの
聴覚障害	両耳の聴力レベルがおおむね60デシベル以上のもののうち、補聴器等の使用によっても通常の話声を解することが不可能又は著しく困難な程度のもの	一　両耳の聴力レベルが100デシベル以上のもの 二　両耳の聴力レベルが100デシベル未満60デシベル以上のもののうち、補聴器の使用によっても通常の話声を解することが不可能又は著しく困難な程度のもの
知的障害	一　知的発達の遅滞があり、他人との意思疎通が困難で日常生活を営むのに頻繁に援助を必要とする程度のもの 二　知的発達の遅滞の程度が前号に掲げる程度に達しないもののうち、社会生活への適応が著しく困難なもの	一　知的発達の遅滞の程度が中度以上のもの 二　知的発達の遅滞の程度が軽度のもののうち、社会的適応性が特に乏しいもの
肢体不自由	一　肢体不自由の状態が補装具の使用によっても歩行、筆記等日常生活における基本的な動作が不可能又は困難な程度のもの 二　肢体不自由の状態が前号に掲げる程度に達しないもののうち、常時の医学的観察指導を必要とする程度のもの	一　体幹の機能の障害が体幹を支持することが不可能又は困難な程度のもの 二　上肢の機能の障害が筆記をすることが不可能又は困難な程度のもの 三　下肢の機能の障害が歩行をすることが不可能又は困難な程度のもの 四　前三号に掲げるもののほか、肢体の機能の障害がこれらと同程度以上のもの 五　肢体の機能の障害が前各号に掲げる程度に達しないもののうち、六月以上の医学的観察指導を必要とする程度のもの
病弱	一　慢性の呼吸器疾患、腎臓疾患及び神経疾患、悪性新生物その他の疾患の態が継続して医療又は生活規制を必要とする程度のもの 二　身体虚弱の状態かが継続して生活規制を必要とする程度のもの	一　慢性の胸部疾患、心臓疾患、腎臓疾患等の状態が六月以上の医療又は生活規制を必要とする程度のもの 二　身体虚弱の状態が六月以上の生活規制を必要とする程度のもの

（2）特別支援教育時代の就学相談（平成17年〜）

　特別支援教育時代の幕開けである。特別支援教育の理念は「特別支援教育は、障害のある幼児児童生徒の自立や社会参加に向けた主体的な取組を支援するという視点に立ち、幼児児童生徒一人一人の教育的ニーズを把握し、その持てる力を高め、生活や学習上の困難を改善又は克服するため、適切な指導及び必要な支援を行うものである。また、特別支援教育は、これまでの特殊教育の対象の障害だけでなく、知的な遅れのない発達障害も含めて、特別な支援を必要とする幼児児童生徒が在籍する全ての学校において実施されるものである。」と示されている。全ての学校において、発達障害のある児童生徒も含めた障害のある児童生徒一人一人の教育的ニーズに応じた教育を提供するために、就学相談のあるべき姿について検討と法改正が行われた。

①「特別支援教育を推進するための制度の在り方について(答申)」(平成17年12月)

　文部科学省は、中央教育審議会において審議を進め、平成17年12月8日に「特別支援教育を推進するための制度の在り方について（答申）」をとりまとめた。答申の主な概要は以下のとおりである。

　　○幼児児童生徒の障害の重度・重複化に対応し、一人一人の教育的ニーズに応じて適切な指導及び必要な支援を行うことができるよう、盲・聾・養護学校を、障害種別を超えた学校制度（「特別支援学校（仮称)」）への転換を行う。また、「特別支援学校（仮称)」の機能に、小・中学校等に対する支援を行う地域の特別支援教育のセンターとしての機能を明確に位置付ける。

　　○通級による指導の指導時間数及び対象となる障害種を弾力化し、LD（学習障害)、ADHD（注意欠陥／多動性障害）を新たに対象とする。「特別支援教室（仮称)」の構想については、研究開発学校やモデル校などを活用し、特殊学級が有する機能の維持、教職員配置との関連や教員の専門性の向上等の課題に留意しつつ、その法令上の位置付けの明確化等について、上記の取組の実施状況も踏まえ、今後検討する。

②学校教育法等の一部を改正する法律（平成18年）

　平成17年の「特別支援教育を推進するための制度の在り方について（答申)」を受けて、学校教育法が一部改正された。改正の主な内容は、以下のとおりである。

　　○盲学校、聾学校及び養護学校から障害の重複化に一層適切に対応する観点から障害種別ごとの学校制度を複数の障害種別に対応することのできる「特別支援学校」制度に転換した。（施行は平成19年度から）

　　○障害のある児童生徒等の教育についての専門的な機関である特別支援学校がそ

の専門性を地域に還元することにより、障害のある児童生徒等に対する教育を一層充実する観点から、小・中学校等の要請に基づき、これらの学校に在籍する障害のある児童生徒等の教育について助言または援助を行うよう努めることを規定した。（センター的機能）

○幼稚園から小・中学校及び高等学校における特別支援教育を推進する旨を学校教育法に明確に規定することとした。併せて今回の法改正に伴い、これまでの「特殊学級」という法律上の名称については「特別支援学級」に改めた。

③学校教育法施行令の改正（平成19年4月施行）

こうした流れを受けて、平成19年3月に学校教育法施行令の一部が改正された。この改正の主な変更点は以下のとおりである。

○障害のある児童生徒の就学先の決定において、保護者からの意見聴取を義務付けた。

○特別支援学校対象児童生徒の障害の程度に関する規定の改正を行った。具体的には、学校教育法施行令の第22条の3について、改正前の「盲学校・聾学校または養護学校に就学させるべき（中略）心身の故障の程度は」という文言を、「法第七十五条の政令で定める視覚障害者、聴覚障害者、知的障害者、肢体不自由者又は病弱者の障害の程度は、次の表に掲げるとおりとする。」と改正した。

この文言の改正は、特別支援学校に就学させるべき障害の程度を規定するという基準から、手厚い教育・支援を提供しうる特別支援学校の目的・機能を踏まえて、特別支援学校が対象とする障害の基準への改正である。言い換えれば、第22条の3の規定は、あくまで特別支援学校が対象としている障害の程度を示しているという極めて重要な改正であった。

④「特別支援教育の推進について（通知）」（平成19年）

文部科学省は、平成19年に、特別支援教育が法的に位置付けられた学校教育法が施行されるにあたり、幼稚園、小学校、中学校、高等学校、中等教育学校及び特別支援学校において行う特別支援教育について、基本的な考え方、留意事項等を「特別支援教育の推進について」として通知した。この通知の中で、就学相談・教育相談に関わる部分は次のとおりである。

○教育委員会においては、障害の有無の判断や望ましい教育的対応について専門的な意見等を各学校に提示する、教育委員会の職員、教員、心理学の専門家、医師等から構成される「専門家チーム」の設置について行うこと。

○障害のある児童の就学先の決定に際して保護者の意見聴取を義務付けたことに鑑み、小学校及び特別支援学校において障害のある児童が入学する際には、早

期に保護者と連携し、日常生活の状況や留意事項等を聴取し、当該児童の教育的ニーズの把握に努め、適切に対応すること。

　また、この通知において、関係機関との連携を図った「個別の教育支援計画」の策定と活用や「個別の指導計画」の作成についても触れられた。

⑤文部科学省特別支援教育の推進に関する調査研究協力者会議の提言（平成21年）

　平成19年度から新たな特別支援教育制度がスタートしたが、幼稚園、小学校、中学校、高等学校及び特別支援学校等における特別支援教育の推進体制には、なお多くの課題があること、また、平成17年の中央教育審議会答申において、「障害のある児童生徒の就学の在り方など更なる検討を要すると」されていることから、文部科学省は平成20年に、特別支援教育の具体的な推進方策について検討を行うため調査研究協力者会議を設置し検討を進めた。この調査研究協力者会議は、就学相談に関して次の提言を示した。

　　○就学移行期における個別の教育支援軽計画の作成にあたって、保護者の参加を促進すること。

　　○保護者への情報提供や相談を十分に行うとともに、保護者の意見を十分に踏まえた上で、教育委員会は就学先を決定すること、また、就学後も継続的に相談・指導をすること。

⑥具体的な就学相談に変化

　こうした法改正や提言・通知を受けて、都道府県や市区町村教育委員会は、様々な就学相談の仕組みの見直しを図った。具体的には、「就学指導委員会」から「就学支援委員会」等への名称変更、専門家からの意見聴取をするための「専門家チーム」の設置、教員委員会と病院や診療所等の医療、保健センター、発達支援センター、子育て支援センター、教育相談センター、保育所や幼稚園、小学校や中学校などの連携など各自治体の実情に応じた教育、医療・保健、福祉の連携体制の構築、保育所や幼稚園等の就学前機関の指導・支援を就学する学校に円滑に引き継ぐ取組などの新しい考え方に基づく就学相談の仕組みづくりが行われ始めた。

（3）インクルーシブ教育システム時代を踏まえた就学相談（平成24年〜）

　平成19年の障害者の権利に関する条約への署名、平成26年の批准、効力発生という流れの中で、インクルーシブ教育システム時代が始まり、就学相談についても、インクルーシブ教育システムの中でのその仕組みの構築が求められた。

① 「共生社会の形成に向けたインクルーシブ教育システム構築のための特別支援教育の推進（報告）」（平成 24 年）

　平成 24 年 7 月に文部科学省中央教育審議会の報告として「共生社会の形成に向けたインクルーシブ教育システム構築のための特別支援教育の推進（報告）」が示された。この報告では、就学相談・就学先決定の在り方について示した部分が多く、その主な内容は次のとおりである。

　○早期からの教育相談・支援について
　　・子ども一人一人の教育的ニーズに応じた支援を保障するためには、乳幼児期を含め早期からの教育相談や就学相談を行うことにより、本人・保護者に十分な情報を提供するとともに、幼稚園等において、保護者を含め関係者が教育的ニーズと必要な支援について共通理解を深めることにより、保護者の障害受容につなげ、その後の円滑な支援にもつなげていくことが重要である。
　　・本人・保護者と市区町村教育委員会、学校等が、教育的ニーズと必要な支援について合意形成を図っていくことが重要である。
　○就学先決定の仕組みについて
　　・就学基準に該当する障害のある子どもは特別支援学校に原則就学するという従来の就学先決定の仕組みを改め、障害の状態、本人の教育的ニーズ、本人・保護者の意見、教育学、医学、心理学等専門的見地からの意見、学校や地域の状況等を踏まえた総合的な観点から就学先を決定する仕組みとすることが適当である。
　　・市区町村教育委員会が、本人・保護者に対し十分情報提供をしつつ、本人・保護者の意見を最大限尊重し、本人・保護者と市区町村教育委員会、学校等が教育的ニーズと必要な支援について合意形成を行うことを原則とし、最終的には市区町村教育委員会が就学先を決定することが適当である。
　　・就学時に決定した「学びの場」は固定したものではなく、それぞれの児童生徒の発達の程度、適応の状況等を勘案しながら柔軟に転学ができることを、全ての関係者の共通理解とすることが重要である。
　○一貫した支援の仕組みについて
　　・可能な限り早期から成人に至るまでの一貫した指導・支援ができるように、子どもの成長記録や指導内容等に関する情報を、その扱いに留意しつつ、必要に応じて関係機関が共有し活用することが必要である。

　このように、この報告においては、就学相談の仕組みについて、踏み込んだ報告がなされている。特段、就学先の決定について、就学基準に該当する障害のある子

どもは、特別支援学校に原則就学するという仕組みを改めるという提言は極めて重要である。

②学校教育法施行令の一部を改正する政令（平成25年9月）

「共生社会の形成に向けたインクルーシブ教育システム構築のための特別支援教育の推進」（平成24年）の「就学基準に該当する障害のある子どもは特別支援学校に原則就学するという従来の就学先決定の仕組みを改め、障害の状態、本人の教育的ニーズ、本人・保護者の意見、教育学、医学、心理学等専門的見地からの意見、学校や地域の状況等を踏まえた総合的な観点から就学先を決定する仕組みとすることが適当である。」という提言を受け、平成25年9月に学校教育法施行令の一部が改正された。法律的にも就学相談の仕組みが変更されたことになる。改正の要点は次のとおりである。

○就学先を決定する仕組みの改正

視覚障害者等（視覚障害者、聴覚障害者、知的障害者、肢体不自由者又は病弱者（身体虚弱者を含む。）で、その障害が、同令第22条の3の表に規定する程度のものをいう。）について、特別支援学校への就学を原則とし、例外的に認定就学者として小・中学校へ就学することを可能としている現行規定を改め、個々の児童生徒等について、市区町村教育委員会が、その障害の状態等を踏まえた総合的な観点から就学先を決定する仕組みとする。

○保護者及び専門家からの意見聴取の機会の拡大

市区町村教育委員会による保護者及び専門家からの意見聴取について、現行令は、視覚障害者等が小学校又は特別支援学校小学部へ新入学する場合等に行うこととされているところ、これを小学校から特別支援学校中学部への進学時等にも行うこととするよう、規定の整備を行う。

この法改正によって、障害のある児童生徒のうち、学校教育法施行令第22条の3に該当する児童生徒は、特別支援学校に原則就学するという考えが改まり、障害の状態、本人の教育的ニーズ、本人・保護者の意見、教育学、医学、心理学専門的見地からの意見、学校や地域の状況等を総合的に検討して就学先を決めるという形になった。

加えて、認定就学者の考え方も改正された。改正された学校教育法施行令第5条第1項の趣旨は次のように理解できる。

○視覚障害者等のうち、当該の市区町村教育委員会が、その者の障害の状態、その者の教育上必要な支援の内容、地域における教育の体制の整備の状況その他の事情を勘案して、その住所の存する都道府県の設置する特別支援学校に就学

　させることが適当であると認める者を「認定特別支援学校就学者」という。

　改正前の認定就学者の考えは、「就学基準に該当する児童生徒で市区町村の教育委員会が小・中学校において適切な教育を受けることができる特別の事情があると認める者」とされていた。このことは、言葉を換えると、特別支援学校に就学することが適切である児童生徒の中で、特別な事情があると市区町村教育委員会が認めた児童生徒は、「認定就学者」として小中学校に就学することを意味する。改正後は、「原則、全ての児童生徒は、小中学校に就学する」が、保護者の意見も含めた市区町村教育委員会の総合的な判断で「特別支援学校に就学することが適当と認めるもの」を「認定特別支援学校就学者」としている。まさに、インクルーシブ教育システムを踏まえた就学先の決定の仕組みに変更されたと言える。

　ただし、特別支援学校の対象としている児童生徒は、学校教育法施行令第22の3に掲げる障害の程度であるため、この基準に該当しない児童生徒は、特別支援学校に就学することはできないことは、確認が必要である。

③「障害のある児童生徒等に対する早期からの一貫した支援について（通知）」（平成25年10月4日25文科初第756号）

　平成25年10月4日文部科学省は、各都道県・指定都市教育委員会教育長宛に「障害のある児童生徒等に対する早期からの一貫した支援について（通知）」を発出した。この通知は、「共生社会の形成に向けたインクルーシブ教育システム構築のための特別支援教育の推進」における提言、「学校教育法施行令の一部改正」を受けての通知であり、「障害のある児童生徒等に対する早期からの一貫した支援について」留意すべき事項を示したものである。また、合わせて、平成14年に通知した「障害のある児童生徒の就学について（通知）」を廃止した。これは、これ以降の就学相談の在り方を示すとともに、就学相談は、就学時の就学先の決定だけの相談ではなく、早期からの一貫した支援の役割の一端を担う相談となっていくという方向を示したものであると考える。通知の主な内容は、次のとおりである。

○障害のある児童生徒等の就学先の決定にあたっての基本的な考え方

　・障害のある児童生徒等の就学先の決定にあたっては、障害のある児童生徒等が、その年齢及び能力に応じ、かつ、その特性を踏まえた十分な教育が受けられるようにするため、可能な限り障害のある児童生徒等が障害のない児童生徒等と共に教育を受けられるよう配慮しつつ、必要な施策を講じること。

　・乳幼児期を含めた早期からの教育相談の実施や学校見学、認定こども園・幼稚園・保育所等の関係機関との連携等を通じて、障害のある児童生徒等及びその保護者に対し、就学に関する手続等についての十分な情報の提供を行う

こと。

・最終的な就学先の決定を行う前に十分な時間的余裕をもって行うものとし、保護者の意見については、可能な限りその意向を尊重しなければならないこと。

○早期からの一貫した支援について

・市区町村教育委員会は、医療、保健、福祉、労働等の関係機関と連携を図りつつ、乳幼児期から学校卒業後までの一貫した教育相談体制の整備を進めることが重要であること。また、都道府県教育委員会は、専門家による巡回指導を行うなど、関係者に対する研修を実施する等、市区町村教育委員会における教育相談体制の整備を支援すること。

・市区町村教育委員会においては、認定こども園・幼稚園・保育所において作成された個別の教育支援計画等や、障害児相談支援事業所で作成されている障害児支援利用計画や障害児通所支援事業所等で作成されている個別支援計画等を有効に活用しつつ、適宜資料の追加等を行った上で、障害のある児童生徒等に関する情報を一元化し、当該市区町村における「個別の教育支援計画」「相談支援ファイル」等として小中学校等へ引き継ぐなどの取組を進めていくこと。

・就学時に決定した「学びの場」は、固定したものではなく、それぞれの児童生徒の発達の程度、適応の状況等を勘案しながら、柔軟に転学ができることを、全ての関係者の共通理解とすること。このためには、個別の教育支援計画等に基づく関係者による会議等を定期的に実施し、必要に応じて個別の教育支援計画等を見直し、就学先等を変更できるようにしていくこと。

　また、この通知文では、特別支援学校への就学にあたっての障害別ごとの障害の判断の留意事項を示すとともに、障害の状態、その者の教育上必要な支援の内容、地域における教育の体制の整備の状況その他の事情を勘案して判断するように示している。

　さらに、小学校、中学校又は中等教育学校の前期課程への就学においての、特別支援学級・通級による指導の対象とする障害の程度を示すとともに、障害の判断にあたっては、障害のある児童生徒の教育の経験のある教員等による観察・検査、専門医による診断等に基づき教育学、医学、心理学等の観点から総合的かつ慎重に行うことと示している。

　なお、この障害の程度については、通知文では「特別支援学校は、視覚障害者、聴覚障害者、知的障害者、肢体不自由者又は病弱者（身体虚弱者を含む。）で、そ

の障害が、学校教育法施行令第22条の3に規定する程度のもののうち、市町村の
教育委員会が、その者の障害の状態、その者の教育上必要な支援の内容、地域にお
ける教育の体制の整備の状況その他の事情を勘案して、特別支援学校に就学させる
ことが適当であると認める者を対象として、適切な教育を行うこと」、「特別支援学
級では、（この通知文で示した）障害の種類及び程度の児童生徒のうち、その者の
障害の状態、その者の教育上必要な支援の内容、地域における教育の体制の整備の
状況その他の事情を勘案して、特別支援学級において教育を受けることが適当であ
ると認める者を対象として、適切な教育を行うこと」と記載されており、特別支援
学校や特別支援学級の対象となる障害は、該当する障害であれば、それらの学校や
学級へ就学するのではなく、該当する障害のうちで、就学させることが適当と判断
したものとなっていることに留意してほしい。

　このように、平成13年から現在まで、法改正や審議会の提言等を経て、就学相
談の進め方は変わってきた。整理をすると、対象とする障害は、従来の視覚障害等
に、発達障害を加え幅広くなり、就学先も小・中学校の通常の学級、特別支援学級、
通級による指導、特別支援学校と選択肢が増え、就学先の決定においては、市区町
村教育員会は保護者の意見を含む様々な観点から総合的に判断するといった、柔軟
で幅広い相談が求められる時代になったと言える。こうした相談を充実させるため
には、教育委員会と医療・保健、福祉、関係機関等の連携の充実という横の広がりと、
就学前機関と学校との連携といった縦のつながりを大切にした相談体制の構築が求
められる。

（市川 裕二）

2 インクルーシブ教育システムにおける これからの就学相談・転学相談の在り方

　平成24年7月に文部科学省は、「共生社会の形成に向けたインクルーシブ教育システム構築のための特別支援教育の推進（報告）」を示した。この報告では、「インクルーシブ教育システムにおいては、同じ場で共に学ぶことを追求するとともに、個別の教育的ニーズのある幼児児童生徒に対して、自立と社会参加を見据えて、その時点で教育的ニーズに最も的確に応える指導を提供できる、多様で柔軟な仕組みを整備することが重要である。小・中学校における通常の学級、通級による指導、特別支援学級、特別支援学校といった、連続性のある「多様な学びの場」を用意しておくことが必要である。」と示した。

　ここに示している「小・中学校における通常の学級、通級による指導、特別支援学級、特別支援学校といった連続性のある多様な学びの場」への就学にあたって、「個別の教育的ニーズのある幼児児童生徒に対して、その時点で教育的ニーズに最も的確に応える指導を提供できる」ための適切な相談が、インクルーシブ教育システムにおけるこれからの就学相談になる。

　インクルーシブ教育システム時代の就学相談とは、以下のようなものである。

①乳幼児期を含め早期からの教育相談や就学相談を行うことにより、本人・保護者に十分な情報を提供する。

②発達障害のある子どもを含め、支援の必要な子どもの障害の状態や教育的ニーズを把握する。

③本人・保護者の意見を踏まえ、尊重する。

④教育学、医学、心理学等専門的見地に基づく総合的判断を行う。

⑤就学先を決定し、加えて就学先における教育的ニーズと必要な支援について本人・保護者の合意形成をする。

⑥就学後の児童生徒の発達の程度、適応の状況等を勘案しながら柔軟に転学に向けた相談の継続を行う。

　こうしたことを踏まえ、インクルーシブ教育システム時代の就学相談の充実のための指針として次の6点を挙げたい。

①乳幼児を含め早期からの相談

②多様な学びの場を視野に入れた相談

③就学前機関と学校との支援の連携を深める相談

　　④就学後の指導・支援の方針を示す相談
　　⑤共同及び交流学習を推進する相談
　　⑥就学後の柔軟な転学を推進する相談

（1）乳幼児を含む早期からの相談

　法令根拠から就学相談手続きの流れを考えると、市区町村教育委員会は、学校教育法施行規則第31条に基づき、就学年度の前の年度の10月1日までに、学校教育法施行令第1条第1項に基づき、区域内の学齢児童及び学齢生徒の学齢簿を編成する。学齢簿の作成以後、学校保健安全法第11条の基づき、市区町村教育委員会は、就学にあたって健康診断を行う。この健康診断は就学時健康診断と言われており、就学年度の始まりから4か月前（11月30日）までに実施する。また、市区町村教育委員会は、学校保健安全法第12条に基づき、就学時健康診断の結果に基づき、保護者に対して治療を勧告し、保健上必要な助言を行い、就学義務の猶予若しくは免除、又は特別支援学校への就学に関し指導を行う等、適切な措置を取るという流れになる。この後に就学相談が実施される。

　法令根拠上は、市区町村教育委員会の業務としての就学相談実施の流れはこうした時期を目途に行うことになるが、インクルーシブ教育システムの就学相談体制を構成する視点からは、より早い時期に関係機関と連携し、就学相談を実施していく必要がある。

　現在、特別支援教育は、全ての学校で実施されているが、それには、幼稚園も含まれている。また、保育所においても、発達障害のある幼児を含む障害のある幼児の支援を進めているところは多い。さらに、障害のある幼児を支援する機関は、地域の発達支援センターや療育センターも設置され、障害のある幼児の教育・支援は、学校就学前から実施されている。これからの就学相談は、こうした教育・支援を学校に引き継ぐことが課題となる。その意味では、乳幼児の含め早期からの教育相談や就学相談体制を構築しながら、より早い時期から相談を開始したほうが良い。

　また、昨今は、1歳6か月児健診や3歳児健診といった乳幼児健診の場においても、発達障害のある幼児を含む障害のある幼児の早期発見や早期支援に向けた相談体制の構築も進んでいる。こうした乳幼児健診は、市区町村の健康福祉部や子ども家庭部等の子育てや幼児の健康を所管する部署が実施していると考えられるが、市区町村教育委員会は、こうした部署との連携を深める必要がある。

　さらに、地域によっては、5歳児健診を行っているところもある。この5歳児健診は、乳幼児健診との同様に早期における障害の発見と早期支援を図り、また、1

年後の就学時健康診断・就学へ支援をつなげていこうという取組である。

このように乳幼児期から就学時まで、複数の健診の機会と連携した、早い時期からの就学相談の実施は、早期からの支援を学校につなぐために重要な取組となる。

（2）多様な学びの場を視野に入れた相談

障害のある児童生徒が就学する学びの場は、小・中学校の通常の学級、特別支援学級、通常の学級に在籍しながら通級による指導の活用をする、特別支援学校と多様である。表1－2－1の通常の学級を除く、特別支援学校、特別支援学級、通級による指導の対象となる障害種を示した。

表1－2－1　特別支援学校・特別支援学級・通級による指導の対象とする障害種

特別支援学校	特別支援学級	通級による指導
視覚障害者	弱視者	弱視者
聴覚障害者	難聴者	難聴者
知的障害者	知的障害者	
肢体不自由者	肢体不自由	肢体不自由者
病弱・身体虚弱者	病弱・身体虚弱者	病弱・身体虚弱者
	自閉症・情緒障害者	自閉症者
		情緒障害者
		学習障害者
	言語障害者	注意欠陥多動性障害者
		言語障害者

特別支援学校、特別支援学級、通級による指導が対象とする障害の程度については、特別支援学校は学校教育法施行令第22条の3に、特別支援学級と通級による指導は、平成25年10月4日に文部科学省初等中等教育局長名で通知された「障害のある児童生徒等に対する早期からの一貫した支援について（通知）」に示されているが、就学先に決定については、障害の状態、その者の教育上必要な支援の内容、地域における教育の体制の整備の状況などを勘案して、教育学・医学・心理学等の観点から総合的かつ慎重に行うとしている。

このように障害のある児童生徒の学びの場は、多様であるとともに、児童生徒の障害の状態も多様である。こうした状況の中で、一人一人の児童生徒のために最も適切な就学先を検討する上で重要な視点は、相談の対象としている個々の児童生徒の教育上必要な支援の内容であると考える。そうした、教育上必要な支援を最も適切に提供できる就学先を本人・保護者と共に、相談していくことがインクルーシブ

教育システムにおける就学相談として求められる。なお、平成25年に文部科学省から発出された「障害のある児童生徒等に対する早期からの一貫した支援について（通知）」においては、「障害のある児童生徒等の就学先の決定に当たっては、障害のある児童生徒等が、その年齢及び能力に応じ、かつ、その特性を踏まえた十分な教育が受けられるようにするため、可能な限り障害のある児童生徒等が障害のない児童生徒等と共に教育を受けられるよう配慮しつつ、必要な施策を講じること」とあることから、就学先の決定においては、可能な限り障害のある児童生徒等が障害のない児童生徒等と共に教育を受けられる配慮についても確認する必要がある。

（3）就学前機関と学校との支援の連携を深める相談

　インクルーシブ教育システム時代の特別支援教育では、障害のある児童生徒について、可能な限り早期から成人に至るまでの一貫した指導・支援ができるような体制を構築することは極めて重要である。就学相談においても、相談の過程の中に、一貫した指導・支援の視点を加えることが必要である。そのためには、就学前の機関で行われていた指導・支援を小学校（通常の学級、特別支援学級、通級による指導）、特別支援学校小学部に引き継いでいくことが重要である。

　「（2）多様な学びの場を視野に入れた相談」で記したように、障害のある児童生徒の就学先は多様である。また、障害のある幼児を指導・支援する機関も多様である。表1-2-2は、筆者が都内と近郊の特別支援学校10校程度の小学部入学者の就学前機関の利用状況を調査したものであるが、就学前の指導・支援機関は多様であるとともに、一人の幼児が複数の機関を利用している場合も少なくないことが分かる。さらに、今回の調査は、便宜的に表1-2-2のように機関の種類を分類したが、発達支援センター等は、公立のものと市区町村等が法人等に委託しているものなど、多岐にわたっている。こうした機関と就学先との連携を深めることが課題である。

　幼稚園から小学校や特別支援学校小学部へ入学した児童の場合は、幼稚園なら小学校等へ、幼稚園幼児指導要録が送られてくるため、ある程度、指導・支援の経過は引き継がれるが、より詳細な特別な教育的ニーズに関する指導・支援の引き継ぎや、保育所や他の就学前機関からの引き継ぎは不十分な状況である。こうした指導・支援の引き継ぎを充実させるため都道府県によっては、独自の引き継ぎツールを開発して、引き継ぎの充実を図っているところもある。

　今後は、個別の支援計画や個別の教育支援計画の活用を含めて、就学相談の段階で、教育委員会と他部署の連携や就学前機関と学校との連携を深め、就学前機関で実施されてきた指導・支援について、就学先の学校に引き継ぐ取組の推進が望まれる。

表1−2−2　知的障害特別支援学校小学部へ就学した児童の就学前機関の種類

就学前機関	入学者数	割合（%）	
病院・医院・医療センターのみ	2	1	27
公立発達支援センターのみ	27	14	
児童発達支援事業所（NPO等）のみ	10	5	
民間の塾や療育センターのみ	13	7	
保育所のみ	9	5	38
保育所＋病院・医院・医療センター	5	3	
保育所＋公立発達支援センター	22	12	
保育所＋児童発達支援事業所（NPO等）	8	4	
保育所＋民間の塾や療育センター	10	5	
保育所＋2種以上の機関を利用	17	9	
幼稚園のみ	3	2	26
幼稚園＋病院・医院・医療センター	1	1	
幼稚園＋公立発達支援センター	10	5	
幼稚園＋児童発達支援事業所（NPO等）	12	6	
幼稚園＋民間の塾や療育センター	5	3	
幼稚園＋その他2種以上の機関を利用	17	9	
無し	1	1	1
その他※	15	8	8
総　　数	187	100	100

※その他は、公立児童発達センター＋児童発達支援事業所（NPO）＋発達支援センター＋療育センターを利用していたなど複数の機関を利用

（4）就学後の指導・支援の方針を示す相談

　平成24年の「共生社会の形成に向けたインクルーシブ教育システム構築のための特別支援教育の推進（報告）」において、障害のある子どもが十分に教育を受けられるための合理的配慮及びその基礎となる環境整備が示されている。「「合理的配慮」とは、「障害のある子どもが、他の子どもと平等に「教育を受ける権利」を享有・行使することを確保するために、学校の設置者及び学校が必要かつ適当な変更・調整を行うこと」としている。

　また、報告では、「「合理的配慮」は、一人一人の障害の状態や教育的ニーズ等に応じて決定されるものであり、設置者・学校と本人・保護者により、発達の段階を考慮しつつ、「合理的配慮」の観点を踏まえ、「合理的配慮」について可能な限り合意形成を図った上で決定し、提供されることが望ましく、その内容を個別の教育支

援計画に明記することが望ましい。」としている。この「合理的配慮」は、小学校、特別支援学校とも、どこの学校に就学しても提供されることになる。

　こうしたことから、インクルーシブ教育システムの就学相談においては、就学相談の段階で、「就学後の学校でどのような合理的配慮を提供するか」についても、市区町村教育委員会は、本人・保護者と相談して、決定することが望ましい。障害者の権利に関する条約における「合理的配慮」では、「均衡を失した又は過度の負担を課さないもの」と示されている。要するに、合理的配慮は、就学した学校において、（ア）教員、支援員等の確保、（イ）施設・設備の整備、（ウ）個別の教育支援計画や個別の指導計画に対応した柔軟な教育課程の編成や教材等の配慮について、「どのようなことでも配慮しなければならない」という意味ではなく、均衡を失うものや、過度の負担になるものではなく、まさに「合理的」と言える範囲の配慮となる。こうしたことも含めて、本人・保護者との合意形成が必要である。合理的配慮については、例えば、独立行政法人国立特別支援教育総合研究所のインクルーシブ教育システム構築支援データベースの「合理的配慮」実践事例データベースを活用して、具体的な合理的配慮の内容について、本人・保護者と合意形成のすることも考えられる。

　また「共生社会の形成に向けたインクルーシブ教育システム構築のための特別支援教育の推進（報告）」では、「早期からの教育相談・支援を踏まえて、市区町村教育委員会が、保護者や専門家の協力を得つつ個別の教育支援計画を作成するとともに、それを適切に活用していくことが重要である。その際、子どもの教育的ニーズや困難に対応した支援という観点から作成することが必要である。」と示しているが、個別の教育支援計画や個別の指導計画は、就学後に学校と相談して作成を進めることになるが、就学時においても、専門家の評価や本人・保護者の希望や願いを聞き取った内容や、それを基にした教育上必要な支援の内容等の指針や助言を学校に伝える工夫も検討する必要がある。

（5）共同及び交流学習を推進する相談

　「（2）多様な学びの場を視野に入れた相談」でも触れたが、平成25年に文部科学省から通知された「障害のある児童生徒等に対する早期からの一貫した支援について（通知）」では、「障害のある児童生徒等の就学先の決定に当たっての基本的な考え方」として、「障害のある児童生徒等の就学先の決定に当たっては、障害のある児童生徒等が、その年齢及び能力に応じ、かつ、その特性を踏まえた十分な教育が受けられるようにするため、可能な限り障害のある児童生徒等が障害のない児童

生徒等と共に教育を受けられるよう配慮しつつ、必要な施策を講じること」と示されている。

　都道府県によっては、特別支援学校に在籍する児童生徒が居住する地域の小・中学校に副次的な籍を置くことで、居住する地域の小・中学校の児童生徒との共同及び交流学習を継続的に行う取組をしている。特別支援学校の場合は、学校所在地の近くの小・中学校との学校間交流を行っているところが多いが、児童生徒が居住している地域での交流は希薄になってしまうことがある。こうした居住する地域の小・中学校に副次的な籍を置くことで、居住する地域との結びつきを維持する目的もある。就学相談の段階で、保護者と相談して副次的な籍を置く小・中学校を決定しておくことで、特別支援学校入学後に速やかに交流を始めることができる。

　また、小・中学校に設置されている特別支援学級の場合も、通常の学級との共同及び交流学習を具体的にどのように実施するかについて、就学相談の段階で保護者と相談して決定しておくことも、インクルーシブ教育システム時代の就学相談の在り方として重要な視点になる。

（6）就学後の柔軟な転学を推進する相談

　平成25年に文部科学省から発出された「障害のある児童生徒等に対する早期からの一貫した支援について（通知）」では、「就学時に決定した「学びの場」は、固定したものではなく、それぞれの児童生徒の発達の程度、適応の状況等を勘案しながら、柔軟に転学ができることをすべての関係者の共通理解とすること。このためには、個別の教育支援計画等に基づく関係者による会議等を定期的に実施し、必要に応じて個別の教育支援計画等を見直し、就学先等を変更できるようにしていくこと」が示されている。

　また、平成29年4月公示された、新しい特別支援学校幼稚部教育要領、小学部・中学部学習指導要領の改定のポイントの一つは、「障害のある子供たちの学びの場の柔軟な選択を踏まえ、幼稚園、小・中・高等学校の教育課程の連続性を重視」である。

　こうしたことを踏まえて、インクルーシブ教育システムの就学相談においては、就学後の継続相談が重要になる。このことは、平成21年文部科学省特別支援教育の推進に関する調査研究協力者会議の提言の中にも「保護者への情報提供や相談を十分に行うとともに、保護者の意見を十分に踏まえた上で、教育委員会は就学先を決定するとともに、就学後も継続的に相談・指導をすること」と示されている。

　就学相談における就学先の決定は、小学校へ就学するにしても、特別支援学校小

学部に就学するにしても、その時点の対象とする児童の障害の状態、本人の教育的ニーズ、本人・保護者の意見を総合的に判断することになる。就学後の指導・支援によって、また、児童生徒の年齢が上がることによって、本人の教育的なニーズは変化していく。こうした変化に伴って、本人・保護者の意見や考えは変わってくる。その変化に応じて、小学校から特別支援学校へ、特別支援学校から小学校への転学は柔軟に行われるべきである。今後はこうした柔軟な転学があることを踏まえて、就学相談を進めなければならない。具体的には、市区町村教育委員会は、就学先決定後も柔軟に転学できることなどについて、本人・保護者にあらかじめ説明を行うことや、必要に応じて就学時の相談だけでなく、就学した学校と連携した就学後の定期的な継続相談を行うことができる相談体制を構築する必要がある。

（市川 裕二）

第2章

就学相談の実際

1 就学相談の概要

　平成25年9月1日に施行された「学校教育法施行令の一部を改正する政令」（平成25年政令第244号）において、視覚障害者、聴覚障害者、知的障害者、肢体不自由者又は病弱者で、その障害が学校教育法施行令（昭和28年政令340号）の第22条の3の表に規定する程度の児童生徒等（以下、「視覚障害者等」という）は、特別支援学校へ原則就学するという従来の就学先決定の仕組みから、障害の状態、本人の教育的ニーズ、本人・保護者の意見、教育学、医学、心理学等専門的見地からの意見、学校や地域の状況を踏まえ、総合的な観点から就学先を決定する仕組みに改められた。

（1）就学先決定に係る法令等
①特別支援学校の教育の対象となる障害種と程度
　学校教育法第72条において、「特別支援学校は、視覚障害者、聴覚障害者、知的障害者、肢体不自由者又は病弱者（身体虚弱を含む。以下同じ。）に対して、幼稚園、小学校、中学校又は高等学校に準ずる教育を施すとともに、障害による学習又は生活上の困難を克服し自立を図るために必要な知識技能を授けることを目的とする。」旨が示され、特別支援学校における教育の対象となる障害種として五つの障害種が規定されている。

　また、その具体の障害の程度については、学校教育法75条において「第72条に規定する視覚障害者、聴覚障害者、知的障害者、知的障害者、肢体不自由者又は病弱者の障害の程度は、政令で定める」旨が規定されており、これを受け、学校教育法施行令第22条の3において、学校教育法第75条に規定する視覚障害者等の障害の程度が定められている。

②学校教育法施行令第22条の3の位置付け
　学校教育法施行令第22条の3は、特別支援学校に入学可能な障害の程度を示すものであり、これに加えて、従来の就学先決定の仕組みにおいては、これに該当する者が、原則として特別支援学校に就学することから「就学基準」として位置付けられていた。

　しかし、平成25年9月の学校教育法施行令の改正により、障害の状態に加え、教育的ニーズ、学校や地域の状況、保護者や専門家の意見等を総合的に勘案して、障害のある児童生徒の就学先を個別に判断・決定する仕組みへと改められた。

　このことにより、学校教育法施行令第 22 条の 3 については、これに該当する者が、原則として特別支援学校へ就学する基準ではなく、就学先決定において総合的な判断をする際の判断基準の一つとなったことに留意する必要がある。

③小・中学校の特別支援学級や通級による指導の対象

　小・中学校の特別支援学級や通級による指導の対象となる児童生徒の障害の種類や程度については、文部科学省の平成 25 年 20 月 4 日付文科初第 756 号「障害のある児童生徒等に対する早期からの一貫した支援について（通知）」（以下、「756 号通知」という）、平成 18 年 3 月 31 日付 17 文科初第 1178 号「通級による指導の対象とすることが適当な自閉症者、情緒障害者、学習障害者又は注意欠陥多動性障害者に該当する児童生徒について（通知）」（以下、「1178 号通知」という）に示されている。

　※詳細については、表 2 - 1 - 1 を参照のこと。

④認定特別支援学校就学者について（学校教育法施行令第 5 条の 1）

　視覚障害者等のうち、当該市区町村教育委員会が、その者の障害の状態、その他教育上必要な支援の内容、地域における教育の体制の整備の状況、その他の事情を勘案して、その住所の存ずる都道府県の設置する特別支援学校に就学させることが適当であると認めた者を「認定特別支援学校就学者」という。

　このことは、市区町村教育委員会が、総合的な判断により当該視覚障害者等の就学先について判断することを意味している。

　また、改正前の仕組みにおいて、就学基準（学校教育法施行令第 22 条の 3）に該当し、特別支援学校への就学の対象者であっても、当該児童生徒の就学環境に係る諸事情を総合的に考慮し、小・中学校において適切な教育を受けることができる特別な事情があると認めるものとしての「認定就学者」という概念はなくなったことに留意する必要がある。

表２−１−１　特別支援学校、特別支援学級、通級による指導の対象となる障害種と程度

	特別支援学校	特別支援学級	通級による指導（※）
視覚障害者	両眼の視力がおおむね 0.3 未満のもの又は視力以外の視機能障害が高度のもののうち、拡大鏡等の使用によっても通常の文字、図形等の視覚による認識が不可能又は著しく困難な程度のもの	【弱視者】拡大鏡等の使用によっても通常の文字、図形等の視覚による認識が困難な程度のもの	【弱視者】拡大鏡等の使用によっても通常の文字、図形等の視覚による認識が困難な程度の者で、通常の学級での学習におおむね参加でき、一部特別な指導を必要とするもの
聴覚障害者	両耳の聴力レベルがおおむね 60 デシベル以上のもののうち、補聴器等の使用によっても通常の話声を解することが不可能又は著しく困難な程度のもの	【難聴者】補聴器等の使用によっても通常の話声を解することが困難な程度のもの	【難聴者】補聴器等の使用によっても通常の話声を解することが困難な程度の者で、通常の学級での学習におおむね参加でき、一部特別な指導を必要とするもの
知的障害者	一　知的発達の遅滞があり、他人との意思疎通が困難で日常生活を営むのに頻繁に援助を必要とする程度のもの 二　知的発達の遅滞の程度が前号に掲げる程度に達しないもののうち、社会生活への適応が著しく困難なもの	知的発達の遅滞があり、他人との意思疎通に軽度の困難があり日常生活を営むのに一部援助が必要で、社会生活への適応が困難である程度のもの	
肢体不自由者	一　肢体不自由の状態が補装具の使用によっても歩行、筆記等日常生活における基本的な動作が不可能又は困難な程度のもの 二　肢体不自由の状態が前号に掲げる程度に達しないもののうち、常時の医学的観察指導を必要とする程度のもの	補装具によっても歩行や筆記等日常生活における基本的な動作に軽度の困難がある程度のもの	肢体不自由の程度が、通常の学級での学習におおむね参加でき一部特別な指導を必要とする程度のもの
病弱者	一　慢性の呼吸器疾患、腎臓疾患及び神経疾患、悪性新生物その他の疾患の状態が継続して医療又は生活規制を必要とする程度のもの 二　身体虚弱の状態が継続して生活規制を必要とする程度のもの	一　慢性の呼吸器疾患その他疾患の状態が持続的又は間欠的に医療又は生活の管理を必要とする程度のもの 二　身体虚弱の状態が持続的に生活の管理を必要とする程度のもの	病弱又は身体虚弱の程度が、通常の学級での学習におおむね参加でき一部特別な指導を必要とする程度のもの
言語障害者		口蓋裂、構音器官のまひ等器質的又は機能的な構音障害のある者、吃音等話し言葉におけるリズムの障害のある者、話す、聞く等言語機能の基礎的事項に発達の遅れがある者、その他これに準じる者（これらの障害が主として他の障害に起因するものではない者に限る。）で、その程度が著しいもの	口蓋裂、構音器官のまひ等器質的又は機能的な構音障害のある者、吃音等話し言葉におけるリズムの障害のある者、話す、聞く等言語機能の基礎的事項に発達の遅れがある者、その他これに準じる者（これらの障害が主として他の障害に起因するものではない者に限る。）で、通常の学級での学習におおむね参加でき、一部特別な指導を必要とする程度のもの
自閉症者		一　自閉症又はそれに類するもので、他人との意思疎通及び対人関係の形成が困難である程度のもの 二　主として心理的な要因による選択性かん黙等があるもので、社会生活への適応が困難である程度のもの	自閉症又はそれに類するもので、通常の学級での学習におおむね参加でき、一部特別な指導を必要とする程度のもの
情緒障害者			主として心理的な要因による選択性かん黙等があるもので、通常の学級での学習におおむね参加でき、一部特別な指導を必要とする程度のもの
学習障害者			全般的な知的発達に遅れはないが、聞く、話す、読む、書く、計算する又は推論する能力のうち特定のものの習得と使用に著しい困難を示すもので、一部特別な指導を必要とする程度のもの
注意欠陥多動性障害者			年齢又は発達に不釣り合いな注意力、又は衝動性・多動性が認められ、社会的な活動や学業の機能に支障をきたすもので、一部特別な指導を必要とする程度のもの
根拠法令等	学校教育法施行令 22 条の 3	「756 号通知」及び「1178 号通知」	

（２）障害の状態等の変化を踏まえた転学（学校教育法施行令第６条の３及び第12条関係）

　改正前は、特別支援学校及び小中学校間の転学について、その者の障害の状態の変化によってのみ規定されていた。

　しかし、新たな仕組みにおいては、特別支援学校・小中学校間の転学について、その者の障害の状態の変化のみならず、その者の教育上必要な支援の内容、地域における教育の体制の整備の状況その他の事情によっても転学の検討が開始できるよう規定の整備が行われた。

　※詳細については、本書第４章を参照のこと。

（３）保護者及び専門家からの意見聴取の機会の拡大（学校教育法施行令第18条の２関係）

　改正前の視覚障害者等に対する意見聴取については、小学校への就学（４月入学）及び特別支援学校小学部への就学（４月入学）についてのみ意見聴取することとなっていた。

　しかし、改正後は、市区町村教育委員会は、児童生徒の視覚障害者等について、小学校、中学校又は特別支援学校への就学又は転学に係る通知をしようとするときは、その保護者及び教育学、医学、心理学その他障害のある児童生徒の就学に関する専門的知識を有する者の意見を聴くことになったことに留意する必要がある。

（４）就学先決定の流れ及び留意点
①相談の開始

　就学相談は、基本的に居住する市区町村教育委員会に保護者が申し込むことで開始される。市区町村教育委員会は、独自の就学相談に関する書類を定めており、相談者の同意に基づいて就学相談に用いている。

　作成については、保護者が記入したり、保護者と幼児児童が在籍する就学前機関等の関係者が連携して記入したり、市区町村の就学相談担当者（以下、「市区町村就学相談担当者」という）が記入するなど、内容によって様々である。

　また、作成された書類は、就学先を判断・決定するための資料としてではなく、確実に就学先へ必要な情報等を引き継ぐことにより、個別の教育支援計画や個別の指導計画の作成にも有効活用される。

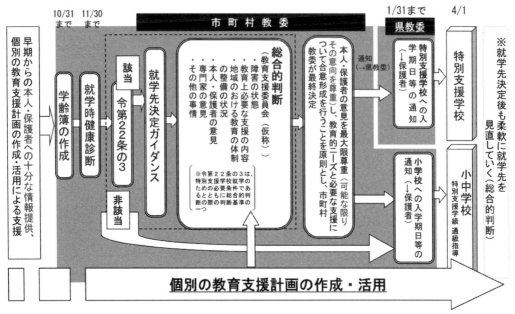

図２−１−１ 障害のある児童生徒の就学先決定の流れ

出典：文部科学省「教育支援資料」（平成 25 年 10 月）

②早期からの本人・保護者への十分な情報提供

　市区町村就学相談担当者は、本格的な就学期の相談が開始される以前の適切な時期に、就学先決定の流れや就学先決定後も必要に応じて柔軟な転学等ができることなどについて、就学相談を申し込んだ保護者や子ども本人に対して、就学に関するガイダンスを行うことは極めて重要である。

　就学に関するガイダンスでは、保護者が子どもの健康、学習、発達・成長という観点を最優先にする立場で就学先決定の話し合いに臨むことができること、子どもの可能性を最大限に伸長するための就学先決定であること、保護者の意向は可能な限り尊重されることを伝え、保護者が安心して就学相談に臨むことができるようにすることが求められる。

　また、域内の学校等（通常の学級、通級による指導、特別支援学級、特別支援学校）や支援のための地域資源の状況、入学までのスケジュール等を分かりやすく伝え、保護者の就学相談への主体的な参加を促すことも大切である。

③就学先決定ガイダンス及び総合的な判断

　本人・保護者への十分な情報提供や体験、意見聴取等を行い、市区町村教育委員会等の担当者や関係者による情報収集等の内容を踏まえ、総合的な判断を行うため

の委員会（以下、「教育支援委員会等」という）において、就学先について市区町村教育委員会の責任と権限に基づき決定される。

　市区町村教育委員会は、就学先の決定にあたって、児童生徒等の可能性を最大限に伸長する教育が行われることを前提に、保護者の意見を可能な限り尊重しなければならない。ただし、保護者の意見と児童生徒等の教育的ニーズは異なることもあり得ることに留意する必要がある。

　そのため、教育支援委員会等における調査・審議の内容及び判断結果については、分かりやすく適切な方法で保護者に伝えるなど、教育支援委員会等における調査・審議のプロセスの透明性を図りながら、保護者に対して十分な説明を行うことが求められる。

④専門家からの意見聴取と就学先の決定

　就学先を決定するにあたっては、就学相談で得られた資料を基に、教育学、医学、心理学等の障害のある児童生徒の就学支援に関する専門的な知識を有する者の意見を聴いた上で、個々の児童生徒の就学後の指導方針を明確にし、ライフステージを見通して総合的かつ慎重に判断する必要がある。

　市区町村教育委員会が設置する教育支援委員会等では、医学的な診断結果に基づく資料だけでなく、心理学的な諸検査の結果や心身の発達の状態、生活や行動の特性を示す情報等に基づき審議される。

　医学的な判断だけにとらわれるのではなく、児童生徒一人一人の特別な教育的ニーズに対応するために、教育学や心理学等の観点も重視し、個々の児童生徒にとって最もふさわしい教育的対応について審議することが教育支援委員会等には求められている。

　そして、市区町村教育委員会は、教育支援委員会等における調査・審議の所見に基づき、障害のある児童生徒一人一人の就学について総合的かつ慎重な判断を行った上で決定することとなる。

（緒方 直彦）

【引用・参考文献】
文部科学省「教育支援資料」（平成 25 年 10 月）
東京都教育委員会「児童・生徒一人一人の適切な就学のために－就学相談の手引き－」（令和 2 年 6 月）

2 就学相談に関する具体的取組・ポイント

1．就学相談における保護者面接の在り方

（1）はじめに

　就学相談とは、平成25年9月1日に施行された「学校教育法施行令の一部を改正する政令」（平成25年政令第244号）に基づいて、障害を有する児童生徒の就学先に関して、本人のニーズ、保護者の意見等を聞き、教育学・医学・心理学といった専門家からの意見、学校現場からの意見も踏まえて、最も適切な就学先について総合的な観点から決定をしていく相談プロセスのことを言う。特別支援教育と合理的配慮という観点から就学相談過程や制度について見直されてきている現状がある。このような考え方や施策について関心があり意識をもっている保護者もいれば、就学相談自体が何をしていく場なのか分からず、戸惑いを抱えて登場される保護者まで相談場面は多様な状況がある。市区町村教育委員会としては、限られた期間の中で円滑に就学相談が実施され、保護者や本人との合意形成ができるような相談であることを望むであろう。一方、障害のある児童生徒や子どもの発達について気がかりになっている保護者としては、子どもの就学先を決めていくことは大きな決断であり、慎重な気持ちを抱えているであろう。

　就学相談員（以下、「相談員」という）はその間に立ち、限られた時間枠の中で保護者の意向を聴き取り、どのような就学先を望むのかに向けて保護者の考えがまとまっていくようにサポートし、また、子どもの発達状況について見立てを作っていく役割がある。保護者自身は日々の子育ての中で変化していく目前の子どもに対する注目があり、子どもの将来像をいかに描いていったらよいかについて考えるゆとりがなく、不安の渦を抱えていることもある。したがって、保護者面接を行う相談員は就学先を決定していく具体的な手続きの過程に関与しているという役割を意識しながら、心理的混乱や不安を抱えている保護者への配慮を丁寧に行いつつ、保護者と共に子どもの将来の姿について一緒に考えていくという臨床的態度をもちたい。そうすることで、保護者の相談への意欲を支えていくことが大切である。

　ここでは、子ども自身の成長を保護者と一緒に振り返り、子どもの強みや苦手さを理解した上で子どもの将来像を描いていけるような就学相談における面接のもち方について考えてみたい。

（2）保護者の心境

　我が子の出産に際して、医学的に障害をもつ可能性が認められる場合は、出産前より様々な立場の専門家からの支援を得る機会がある。そして、出産直後より医療的ケアや福祉的支援を受けながら子育てを始めていく。そのような保護者は学齢期を迎えていく準備についても、それらの支援を受けていく過程の中で就学先についても考える機会を得ている。どのような教育を受けていく方法があり、学校生活を支えていくリソースがあるかなどについても保護者は子育ての早期から知る機会があり、学校教育への準備を始めていくことができる。

　しかしながら、特に知的障害を伴わない自閉スペクトラム症を代表とした発達障害のある子どもに関しては、子どもの成長発達の中で徐々にその特徴が明らかになっていくことが多い。例えば、保育園や幼稚園などの集団活動に参加していく中で、周囲の友達と関わる様子や強いこだわりを示すなど、その特性が表われてきたりする。そして、そのような「社会性」に関わる特性は、家庭の文化や子育て環境とのマッチングによる影響、保護者の気づき方や理解のもち方によっても違いが出てくる。また、初めての子育てであり、家庭においては母子のみで過ごすことが多い場合や、兄弟がいない場合、周囲に同年代の子どもが不在である場合などは、子どもの育ちのペースが多様であることを知る機会がそもそも少ない。そのため、集団生活での我が子の様子を園より知らされることにより子どもの様子を意識するようになり、突然不安に襲われてしまう保護者も多い。

　保護者面接においては、このような保護者の気持ちを踏まえる必要がある。その上で、保護者が我が子をどう理解していて、就学相談に何を期待しているかについて、ニーズを把握していくことが大切である。

（3）保護者面接における相談員の役割

　保護者面接では、相談員はまず何よりも多様な背景や事情を抱えながら子育てをしている保護者の心情について理解に努めるところから始めたい。そして、限られた期間の中で行われる就学相談過程の目的や手順といった現実的な流れについても、保護者が理解できるように丁寧に分かりやすく説明していきたい。相談においては、子どもの将来像について保護者と一緒に描き、考える姿勢をもちたい。保護者は日常生活の中で子育ての難しさや苦労を感じている。その中で、子どもの「気がかりになる点」、「困り事」、「できないこと」に注目してしまう。しかしながら、どの子どもも、その子どもなりにもつ魅力や強みを発揮している場面がある。相談員は保護者が子どもの力や潜在可能性を見つけていけるように心理的に安心でき、

ゆとりをつくっていけるような応答性のあるやり取りを行うことが重要である。

　保護者は自らの語りを相談員がどのように聴いているか、その反応の様子をよく見ている。つまり、相談員の話を聴いている態度に保護者は反応している。したがって、相談員は保護者が安心して語れるような信頼関係を形成していく必要がある。そのためには、受容的で真摯な態度と姿勢をもち、保護者の話を傾聴していくことが求められる。丁寧に話を聞いてもらえたという体験は、それ自体が保護者の気持ちを支えるのである。その結果、この先も続く子育てへの意欲を支えていくことにもなる。また、丁寧に応対してもらえた体験は、この先の子育てで困るような場面に遭遇した際に、地域の中にある「相談の場」を活用していけると保護者が気づく可能性もある。その意味でも就学先に関する検討資料作成のためという意識だけで面接を行うのではなく、就学後の子どもの発達状況や育ちの姿、学校教育を受けることによる保護者の子どもへの期待や願いなどについて、具体的に把握していけるようにやり取りを行うことが大切になる。相談員は、保護者面接で把握していった子どもの姿や家庭の状況が学校の教育活動にどうつながっていくかをイメージしながら、保護者に対して説明する態度が大切である。それは子どもの学習や社会性を育む際のスタート地点を描くことであり、就学後の支援に向けて現況の情報をまとめていく役割を担うことでもあるといえる。

（4）保護者面接の進め方

　就学相談に向けた面接過程は申し込み対応の時点から始まっている。多くの場合、予約制であり、電話での申し込みとなるであろう。電話応対での印象から保護者は既に面接でのイメージをもち始めていく。安心感をもった面接のスタートができるような丁寧な案内を心掛けたい。

　保護者面接にあたっては、まず来談されたことに対するねぎらいから入りたい。保護者は大変な緊張感をもって来談する。そして、就学相談の手続きを詳細に理解しているわけではない。また、思いもよらず保育園や幼稚園から就学相談を勧められ不安感を伴っていることも多い。いずれにせよ家事や子育て、仕事などの多忙な時間を調整して来談される。「我が子のことだから当然」という意識を相談員がもって応対にあたることは、戸惑いや不安を抱え見通しや手続きの流れが理解できておらず、慎重な気持ちになっている保護者にとっては「高圧的」に受け取られるかもしれない。

　保護者面接では様々な情報を得ていく必要がある。そのための対話は、信頼関係の形成が基盤となる。保護者が安心感を得て語れる雰囲気を提供していけるように

相談員は丁寧な傾聴を行う必要がある。

　そして、信頼関係を形成しながら対話を進めていくためにも、相談内容は個人情報であり、守秘義務を順守した取り扱いをすることを相談の冒頭で説明したい。保護者から話を聴き取るためには、保護者の様子を見立てながら、座席や対面時の距離間、室内の温度など物理的環境への配慮も行いたい。面接開始時には、面接の終了時間について説明をしておく。終了時間の見通しがつくことも保護者の安心感につながるからである。

　保護者が語りやすくなるためには、相談員は「聴く」ことと「訊く」ことのどちらの行為を自分が行っているのか意識することが大切になる。「聴く」とは、文字通り十分に耳を傾けて積極的に話を聴いていく行為である。それに対して、「訊く」とは理解した内容を踏まえて、さらに分かろうとする姿勢を保護者に伝え、質問をしていく行為と言える。二つの「きく」を意識することは、保護者にどのように働きかけたことで、どのような反応を保護者が示したか捉えやすくなる。その結果、保護者の心情を見立てていくことに役立つことになる。

　相談を進めていく上では「共感的理解」が重要となる。共感的理解の内容には二つある。一つは、保護者が語った内容について、保護者が発言した言葉を使って短くまとめて、「言い換え」をして伝え返していくことである。その結果、保護者は自分の話した内容についてどのように理解されているか確認することができる。もし、理解に齟齬があれば、その旨の表明をしてもらえるように保護者に伝え、修正してもらう。そうすれば、保護者は自分が伝えたい内容について確認していくことができる。相談員の「言いかえ」が適切になされ、保護者に伝え返されていくプロセスの中で、保護者は自らの気持ちに言葉による輪郭が与えられていき、自分の考えについて自己探索をはじめ、我が子が就学することについての考えや気持ちを捉え直していくことができるようになる。

　もう一つの共感的理解は、共有された内容のその先について一緒に検討していく過程で起こる。つまり、確認された内容を踏まえてさらに保護者に「問い」を立てて尋ねていくことである。このような対話を繰り返しなす中で保護者は自らの考えやこの先の見通し、心配、危惧する点などについて言葉にしていけるようになる。相談員は適切なタイミングで質問や説明をしながら、丁寧なやり取りを行っていきたい。

　また、相談員は子どもの発達状況を保護者がどのように捉えているか、できるだけ具体的な子どもの行動エピソードについて把握していきたい。そうすることで、学校教育の中でどのような活動に参加できる子どもであるのかについてイメージが

もちやすくなり、行動観察を行う際の観点を得ていくことができるようになる。そして、保護者には適宜就学相談の流れについて説明し、学校についての情報を正しく伝えていきたい。ときには、保護者自身が周囲から耳にした不十分な情報で、偏ったイメージや理解をしていることもある。そのような部分にも保護者の不安が反映されている場合もある。保護者の話を十分に聴きながら、情報提供をするなど丁寧な説明を繰り返していきながら適切な理解に向けた修正を試みていきたい。

（5）就学相談面接における留意点

　相談員は学校でのインクルーシブ教育と合理的配慮の実践や実態というものについて、日ごろから各校の特別支援教育コーディネーターや教育相談センターの巡回相談員等と連携しながら情報共有をしていきたい。そうすることで、保護者から得られる子どもの様子と学校での実情を照らし合わせ、相談対象となっている児童生徒の姿を思い描くことができる。その結果、保護者の心配な事柄と子どもが学習活動に取り組む際に必要となるような具体的な配慮点をつなげて理解することができ、保護者に伝わる説明をしていくことが可能になる。

　また、同時に学校内にあるリソースを発見し、保護者に説明していくといった情報提供をすることは、保護者の考えを支援していくことに役立つ行為である。保護者の学校への期待も様々である。家庭で行っている子どもへの環境づくりと同様の状況を学校に求めていくこともあれば、保護者の想いや願いが先立ってしまい、現実状況を明らかに超えた配慮を求めてくる場合もある。また、保護者の子育てにおける不安感が高い場合や、保護者自身が学校体験において傷つく出来事を経験しているといった場合もあったりする。そのような心理的傷つきを抱えたまま我が子の就学先について保護者としての考えをまとめていくことは、想像以上のエネルギーを有するものである。そのような場合は、保護者自身を支えていけるような支援についてもときには検討が必要になるであろう。例えば、教育相談センター等へ紹介をしていき、保護者自身がケアを受けていける機関へつなげていくといった役割を相談員が果たすことも大切である。

　就学相談とは子どもの教育について考える相談の場である。しかし、子育てを行う中で、保護者自身の心理的な傷つきが賦活化される場合もある。虐待の世代間連鎖などの問題には、そのような保護者自身が養育の中で受けてきた心理的外傷体験が含まれていたりする。したがって、就学相談における保護者との面接場面では、潜在的に子育て支援の要素が含まれていると考え、保護者への心理的ケアが必要となる場合があることも意識に留めておきたい。子どもの背後にいる保護者や家族を

支えていくことで、家庭での養育がバランスよく機能していき、就学後の適応が支えられていく。就学相談に限らず、子どもの相談は保護者を含む家族への支援についても意識する必要があることを忘れてはならない。

　実際に保護者が相談過程の中で良き体験を得ていくことは、困ったときに周囲から力を借りていくことで状況に変化をもたらす可能性が開かれていく経験であり、相談の仕方を学ぶ機会にもなる。そのことは、子ども自身が困難な場面に遭遇した際に、社会的支援者との対話を通して課題解決するといった手法についてのロールモデルとなるであろう。保護者面談のもち方自体が、保護者に対する心理教育的な要素を提供している行為であることを相談員は意識していきたい。

（6）最後に ～就学相談会の意義～

　就学相談過程全体について事前説明会を行う市区町村が増えてきた。これは、保護者へのケアと同時に相談員への支援にもなる。相談員の「相談力」といった個別の臨床技能の向上も必要である。しかし、就学相談が制度化された社会的文脈の中で行われていく過程であると考えると、市区町村が就学相談に関する住民に向けた事前説明会を行うことは、就学を控えている保護者への丁寧な支援になるとともに、相談員への支援にもなっていく。説明会での場において、相談員が顔をみせていくなどの工夫をすることで、保護者は自分が誰に会うのかイメージがもてるようになるであろう。そのように、少しでも保護者の安心感と信頼関係を形成していく下地になる工夫についても試みていきたい。

（波田野 茂幸）

２．就学相談における行動観察の仕方

（１）はじめに

　行動観察とは心理学においては主要な研究方法の一つであり、また、習得すべき基礎的手法といえる。現在においては、多くの分野で用いられている基礎的技能にもなっている。行動観察は古典的行動主義的心理学のように、外から見えている行動のみを観察対象にしていくわけではない。行動には、その人の内面が反映されているのであり、意図、意欲、情動などの内面の状態が含まれている表現としても理解していくことができる。したがって、その様子を詳細に観察していき、行動から了解できる意味について推測し、解釈していくものといえる。行動観察は客観的であることが求められるが、この場合の「客観的」というのは、客観的に見える行動だけを扱うという観察ではなく、誰にでも了解できる合理的解釈の高い事柄を観察していくという点が重要である。

　行動観察の仕方については条件を設定し、刺激に対してどのような反応が生じてくるかについて観察していく実験観察法と、できるだけ自然な状態、その場の日常の中での様子を観察していくことを行動データとして分析していく自然観察法とがある。

　就学相談では、児童生徒の学校での学習や活動において求められてくる合理的配慮について考えるだけではなく、その児童生徒がもつ潜在的な可能性や資質が開花できるように教育的な働きかけを行う観点ももち、その子どもにとって適切な教育環境や内容について検討していくための基礎資料の一部を作ることになる。そこで、行動観察では、集団活動での様子をうかがえる場面と一対一関係の中での様子が見られる場面といった異なる場面について行動観察を行っていきたい。

　ここでは、就学相談における行動観察の目的、方法、行動観察を行う上での留意点について説明していきたい。

（２）行動観察の目的

　行動観察では、児童生徒の発達的側面の評価はもとより、学校での学習や活動、学校の物理的環境もふまえた上で、児童生徒の行動について多面的観点からの観察が求められる。

　そこでは、身体－心理－社会的側面から得られる行動上の情報を得ていくわけであるが、それは、児童生徒の就学先を検討する上では極めて重要になる。ここで得られた結果は教育支援委員会※（就学相談等検討委員会。以下、「委員会」という）

において教育委員会としての意見をまとめていく委員会での資料となっていくからである。委員会では、教育・医療・福祉・心理・言語聴覚士といった様々な専門性を有する専門家から意見が出され、それらをまとめていくことになる。したがって、子どもの障害の種類や内容、発達的な状態について現状の様子を理解することが、行動観察の目的となる。

　しかし、行動観察はただ状態像を把握していくだけの作業ではない。行動観察者は、子どもに対してどのような教育的な働きかけをしていくことによって、どのような教育的な効果が期待できると考えられるか、また、子どもが主体的に活動することができ、自らにある潜在的力を発揮させていけるかなどについて、見立てながら行動観察を実施していく必要がある。さらに、子どもが就学した際に必要となるリソースや支援、学校での物理的環境も含めた学校コミュニティの状態についても行動観察者は理解しておく必要がある。そして、何よりも子どもがどのような内容を学習し、学校コミュニティの場における活動や人間関係を体験していくことが、子ども自らが主体的に活動へ取り組む状態につながっていくかという点について、行動観察者は意識しながら観察を行う必要がある。

　つまり、行動観察は現状の子どもの状態像を把握していくだけの営みではなく、子ども自身の学びの場となる学校環境も含めて、子どもを捉えていく視点が大切である。また、子どもの将来像や展望が開かれていくような観点を提供できるように、子どもの行動観察を実施していく必要がある。そのためには、子どもの行動がどのような刺激に対してどのように反応をしているのか、どのような社会的文脈の中でどのような活動が生じてくるのかという環境の様子も合わせた捉え方が大切になる。そして、そのような行動の起こり方から子どもを見立てていくとともに、学校内にあるリソースや地域コミュニティにある社会的・人的資源をどう活用していくことができる学校であるのかという点へも注目することが求められる。このように、子どもの生活の場である学校環境も含めて、児童生徒の行動について見立てていくこと大切になる。その意味で、行動観察は極めて専門的行為といえる。したがって、行動観察者は、子どもの発達的理解や障害内容、行動観察を行う上での観点や技術について研鑽を積んでいく必要がある。

　さらに、子どもの将来の生活や社会的活動、あるいは働き方など、その子どもなりの展望を含めた見通しについても行動観察者は見据える必要がある。いまどのような教育を提供していくことがその子どもの将来にとって、どのような意義をもたらしていくことになるかについて、委員会では真摯な協議がなされていく。その際の重要な資料になることを行動観察者は理解しておきたい。

（3）行動観察の方法

　保護者面談で面接票を用いて保護者より事前情報を提供してもらうことで、児童生徒の発達状況について行動観察時のイメージがもちやすくなる。面接票の中に身辺自立状況（着替え・排泄・食事の様子）、言語・会話状況（発語・意思伝達・感情表現等の方法、指示理解の程度等）、対人関係、集団や行事への参加状況、運動面、文字や数字への関心、健康面といった情報を提供してもらうことにより、行動観察を行う際の観点がもちやすくなる。

　就学相談における行動観察では、行動観察者が対象となる幼児や児童生徒について、設定された条件の中で個別に行動を観察していく場合と集団場面の中での様子を観察していく場合がある。保育園や幼稚園、学校での集団場面では、できれば行事のような場面ではなく、児童生徒の日常の様子や生活場面について観察をしていきたい。行動観察を行う場合、その目的を明確にしてどのような場面での行動状態を捉えるかという観点について理解している必要がある。

　個別で行動観察を行う場合は、幼児が保護者から離れて入室していくことが可能か、その際はスムーズに離れられるか、不安な様子を見せるか、保護者を意識することもなく走り回るのかなどの様子は、心理社会的発達の状態を見立てていく上で大切になる。他にも、行動観察者から名前で呼ばれたときに行動観察者をしっかり見て反応する、呼ばれたことは意識できているが反応は示さない、呼ばれたことを意識しないなど様々な反応からも発達の状況が推察される。指示理解については、耳で聞いた指示内容全体を理解して適切に行動できるのか、単純な指示については理解できるのか、個別に声をかければ指示された行動が理解できるのか、自分の興味あることのみに反応するのか、指示に対して反応がなく無関心であるのかといった点の様子を捉えていく。また、注視ができるかという点もコミュニケーションの様子を把握していく上で大切になる。絵本などの読み聞かせに対して、座って聞くこと、見ることができるのか、また理解することができるのか、ことば掛けや注意喚起を行うことで注視できるのか、興味あることだけを注視するのか、全く関心を示さないのか等、その様子から行動観察者は何を捉えているのかという観点をしっかりともちながら観察を行っていきたい。

　以上の内容は集団場面での観察の中でも活用されていく観点であるが、特に個別観察を行う場合は次のような点についても確認していきたい。

①意思表示

　　例えば、欲しいものやしたいことを要求する際、言葉で言える、動作で示すなどの意思表示の表し方等

②運動発達の状態

例えば、粗大運動はできるが微細運動は苦手、粗大運動はできるが巧緻性や模倣は苦手、運動を行う際の介助や配慮の有無、装具により自立歩行可、自立歩行はできない、姿勢が保てる・保てない等

③言語発達の状態

例えば、発音の不明瞭さ、幼児語、独り言、奇声、エコラリア、日常的な話ことばでの会話ができる、単語のみの表現、二語文が言える、話はしないが理解はできている、声は出すが有意味語がない等

④行動や性格の様子

例えば、落ち着きがない、目が合わない、多動・癇癪・衝動性・自傷、こだわり・人懐こい・甘える・消極的・表情の乏しさ・ぼんやりしている・恐がり・泣く等

（４）行動観察を実施する上での留意点

行動観察を行う場合、どのような場面について、どのような立場にある者が行動データを取り評価をしていくかによって、児童生徒への評価が異なってくることに留意したい。例えば、保育園・幼稚園において日常生活場面を共有し、日ごろから児童生徒への関わりをもち関係性があり、よく見て接することができる立場にある者が評価を行う場合と、教育相談センターなどの観察を行う室内で、初めて会う相談員が評価する場合では当然違いが出てくる。前者であれば、集団場面での児童生徒の動きや人間関係の力動が働いている状況も含めた様子であり、園や学校での日常生活や教育活動場面の様子について知ることができる。後者であれば、児童生徒と行動観察者との一対一の関係の中での様子を知ることができる。一対一の場面では初めての見知らぬ人との関係の中で、どのような行動が示され、コミュニケーションが生じ、関係性を形成していこうとするのかが表現されてくる。

また、行動観察者が特に心理専門職の場合などは、専門的な観点から発達状況やコミュニケーション能力、人との関係性の様子といった質的な側面についても記述を残していきたい。例えば、どのように自分の欲求や意思について、具体的に表明しているのかといった質的側面についても捉えていくことは、就学後の教育的な働きかけの仕方や内容について教員に伝えていく際の参考になるであろう。

言葉で相手が受け止められるようにおもちゃを要求できる子どももいれば、からだを使って表す場合もある。やり取りとしては、どのような会話がなされたのか、目と目が合って、三項関係の基盤となるような共同注視や指差しができるのかといった、発達上の評価を行う上で重要となる指標については具体的に丁寧な記載を

残していきたい。それは、コミュニケーションの基盤がどの程度備わっているかについて発達的観点から検討する際の参考になっていくであろう。

　また、発達障害のある子どもの場合、物事の切り替えが難しく、こだわりや衝動的な言動があったりする場合がある。このような行動等は、どのような場面の中で、どのような刺激に対してあらわれ、そのような状態がどのくらいの時間続くのかといった「刺激−反応」の様子についても具体的な記載を残しておきたい。そうすることで、子どもがどのような刺激に、どのような反応を示していくかという点について読み取ることができる。それは、その子どもの行動形成を理解していく際の参考になり、子どもの就学先となる学校がその子どもに対する支援について考える際に、有益な情報となってくる可能性がある。

　その他、集団場面では衝動性が高い子どもが、個別での関わりの中では刺激が少ないため、比較的落ち着いた行動を示すことがある。このように、個別での関係性の中では、子どもの発達特性が集団場面のように明確に表面化しない場合もある。したがって、行動観察者は子どもと関わりながら、子どもに対してどのような雰囲気や態度を示しながら、ことば掛けを行い、それに対して、どのような様子で子どもが返してくれたのかという一連のプロセスについても記録に留めていきたい。このような情報は、子どもへの支援を行う際の関係づくりを考える上で参考になる。例えば、子どもの心身が落ち着いている状況でのやり取りや雰囲気、作業内容は、子どもがパニックになった際に、どのような場の様子になることで、落ち着いた心身の状態に本人が戻っていけるのかを考えるヒントを与えてくれるだろう。

（5）最後に

　子どもへの行動観察は就学先を検討する上で参考となる資料である。わかりやすくするために、チェックリスト票のような形で情報データを整理していく場合が多い。しかし、同時に、子どもの社会的場面における理解力やコミュニケーション力について質的に了解していくことも重要な意義がある。行動観察者が具体的なやり取りをメモにして残すことは、就学後に円滑な適応的行動がもたらされるための移行支援に向けた基礎資料にもなる。それらが子どもにとって適切な学校環境づくりや支援メニューを作る上での参考になることも相談員は意識しておきたい。

※教育支援委員会:各自治体により、就学相談等検討委員会、就学支援委員会、就学相談委員会等、名称は様々である。

（波田野　茂幸）

3．医学的観点からの把握 －知的障害・発達障害（神経発達症）－

　就学相談に関わる担当者や教員・関係者にはぜひ知っておいてほしいポイントを、医学的観点からいくつか整理する。

（1）神経発達症の成り立ちから考える支援の本質

　今後の特別支援教育の中では、歴史的蓄積のある知的障害支援と環境の構造化、認知特性の理解に基づく発達障害支援が融合し、総合的な支援技術とは何かを意識すべきである。最近、知的障害・発達障害の医学的診断基準が大きく変わった。アメリカ精神医学会の DSM-5 では、神経発達症群とは、発達期に起源をもつ病態群であり、この障害は通常発達期早期（多くは就学前）に顕在化し、個人としての機能・社会的な機能・学業あるいは職業機能に障害を生じるような、適応行動の困難で特徴づけられると説明している。神経発達症群は、学習、運動、情動のコントロール、話すことや言語発達などコミュニケーションの一部に限定した障害から社会的スキルや知能の全体的な障害までひろがる幅広いスペクトラムとして捉えられ、知的発達障害 Intellectual Disabilities、コミュニケーション障害 Communication Disorders、自閉症スペクトラム障害 Autism Spectrum Disorder、注意欠如・多動性障害 Attention-Deficit ／ Hyperactivity Disorder、限局性学習障害 Specific Learning Disorder、運動障害 Motor Disorders の大きく 6 つの障害に分類されている。これらが 1 つの疾病概念にまとめられた理由は、発症頻度が高く、各障害の重複が認められ、遺伝的に多因子モデルと考えられるからである。多因子モデルとは、病気の発症に遺伝的要因と環境要因との両者が関わるという疾患群であり、その代表はがん、高血圧、糖尿病などの生活習慣病である。したがって、医学の役割は、診断と疾病特性に応じたアドバイスと発症後の治療である。神経発達症群の定義からも明らかなように、生活習慣病になぞらえれば、予防活動が重要である。障害に起因する適応行動の困難を、（本人・家族が）主体的に改善・克服するために必要な知識、技能、態度及び習慣を養い、もって心身の調和的発達の基盤を培うことが発達障害支援の本質となる。発達障害支援の主戦場は家庭と学校であり、主役は本人・保護者と教員（療育の専門家を含む）であることをまず押さえてほしい。

（2）医学的診断について知ってほしいこと

　医学における発達の遅れの診断過程は、生育歴、発達歴により、主訴の内容と発達の遅れを確認し、身体所見、神経学的所見と血液検査、脳画像検査、脳波検査な

ど生物学的検査から発達の遅れの原因精査を行い、知能検査、発達検査、言語検査などを参考に、総合的に診断を行う。知的障害や発達障害の個々の特性は、それだけで一つの疾患を特徴付けるものはなく、定型発達との相違は量的・質的な相違にすぎない。つまり、定型発達との間に明確な境界はなく、スペクトラム状態にあり、最終的には、日常生活に支障を来しているか、支援が必要かどうかを経験的に判断し診断を下すことになる。

　知的障害の有無を判断する基準として、標準化された知能検査（田中ビネー、WISC、K-ABC など）や発達検査（遠城寺式、新版 K 式など）で、知能指数（IQ）70 未満（以下）がよく使われてきた。発達検査と知能検査は、作成の目的や構成が異なる。発達検査は、対象者の発達がどの年齢水準に相当するかといった観点から発達指数が算出される。一方、知能検査は、対象者の知能水準が同じ年齢集団における平均値からどの程度離れているかという観点から知能指数が算出される。現在は、いわゆる知的障害・発達障害（神経発達症）を適応行動の障害と考え、概念的適応スキル（ことばの理解や使用、文字の読み書き、計算）、社会的スキル（対人関係の構築や維持、約束や規則を守る）、実践的スキル（食事・衣服着脱、排泄、清潔行動などの日常生活活動、買い物、危険回避）などを、Vineland 適応行動スケールを用いて判断するようになってきた。

　ちなみに、「療育手帳」（昭和 48 年、厚生事務次官通知）では、その申請や更新にあたって知的障害の有無や程度を標準化された検査で査定することが求められる。療育手帳の判定では、田中ビネー知能検査または新版 K 式発達検査 が主として用いられている。

　知能検査で測定される知能とは仮説的構成概念で、論理的に考える、計画を立てる、問題解決する、抽象的に考える、考えを把握する、言語機能、学習機能など様々な知的活動を含む心の特性と定義できる。検査をした場所、検査者などにより検査結果は変動し、絶対的なものではない（IQ70 と 71 の差を説明することは難しい）。検査の特性をよく理解し、単に数値だけで判断しないことが肝要である。

（3）告知時から今までの保護者の気持ちの動きをしっかり受け止める

　中等度・重度知的障害は、染色体異常などの染色体異常が原因の場合は、外見的に特徴的な容貌であることも多く、出生後すぐに診断されることが多い。言葉や運動発達の遅れを主訴に乳幼児健診で発見されることも多い。その後は、地域の児童発達支援センターで療育を受けていることがほとんどであろう。しかし、就学相談の時点で、保護者は障害を認知し、療育の内容を理解しているとは限らない。保護

者は、告知を受けて混乱し立ち直ることが難しい。ドクターショッピングを繰り返す人もいる。この場合は、良い医療者に出会えていない可能性が高い。十分に保護者の心情を理解し、改めて、医療情報と保育所・幼稚園での行動観察も参考にしながら、子どもの成長発達の状態を的確に確認し、幼児期に習得した生活習慣や知識を、学齢期の日常生活や学習の場面で、具体的にどのように伸ばしていくのか、ある程度の予後を保護者に説明し、安心感を与える努力をすることが重要である。特に、療育と特別支援教育で継続すべき支援と新しく学校で学ぶことの違いをしっかり理解してもらうことが、学校への移行をスムーズに進めるポイントである。

　判断が難しい例として、視覚障害・聴覚障害と知的障害・自閉症スペクトラム障害の合併例について述べる。このような事例では、複数の診療科を継続受診していることもあるが、発達全体を診て、総合的なアドバイスを受けていないことが多い。特に視覚障害・聴覚障害との合併例は、心理検査をそのままでは実施できず、いくつかの検査項目を組み合わせ評価する必要がある。そのような子どもの言語発達に遅れがある場合、どちらの障害に起因するか判断が難しい。重要な点は、早期から子どもの言語能力を伸ばせる言語（例えば手話、音声言語）で働きかけ、理解を促すために絵カードの活用、具体物を触るなど、障害特性に配慮した工夫をすることで、理解できる語彙を増やし、コミュニケーション力を高めることができる。定型発達の子どもは、普通の家庭環境で育てば自然に身につけることができるものである。この準備ができているかどうかで、就学後の学習の進み方に影響がでることを知ってほしい。視覚障害・聴覚障害と知的障害・自閉症スペクトラム障害の合併例は、コミュニケーション能力と発達障害をバランスよく伸ばせるかをよく評価し、特別支援学校の選択を慎重に進めるべきである。

（4）発達の様相

　子どもの障害理解には、子どもの定型発達（運動、言語、知的発達、認知面における）の特徴を知り、それとの比較により障害理解を深め、適切な指導方法を選択することが重要である。特別支援学校学習指導要領は、定型発達に基づく小・中・高等学校の学習指導要領に準ずるものとして作られているのは、そのためである。

　発達理論では、生物学的基盤に基づく発達理論と文化的基盤に基づく発達理論がある。前者は、遺伝的要因による成熟と環境的要因による学習との相互作用に基づく発達理論である。個々の遺伝的特性が顕在化するために必要な環境条件があり、両要因が他の遺伝的特性、才能・素質、後天的に受けた障害・病気の影響を受けることが知られている。

また、発達理論では、いろいろな発達段階を想定することが通例である。フロイドは、幼児期には身体成長と性的発達が複雑に絡み合って進展するとする心理性的発達理論を唱えた。中でも、「固着」とは、ある段階で刺激が不十分で欲求不満が大きいと次の段階に進めないことをさし、「退行」とは、ある段階で刺激が過剰だと、不適応を起こし、前の段階に戻ってしまい、その時期特有の行動をとるとし、精神医学の防衛機制を説明する基礎概念となっている。ピアジェは、子どもの認知機能（思考）の発達は、外界を認識する「シェマ（スキーマ構造）」の質的変化が４つの段階（感覚運動期、前操作期、具体的操作期、形式的操作期）を経て進むと考え、認知発達段階説を唱えた。今では当たり前の発達観は、ダーウィンの進化論の出現以降のことで、発達という現象を科学的な目で捉え、系統的に理解できるようになったのである。

　文化的基盤に基づく発達理論では、人間は、生涯どの時期においても発達し、どの段階においてもクリアすべき課題とクリアするための障害となるものが存在し、障害を乗り越えたときに得られるものを発達課題と呼ぶ。エリクソン、マズローなども、この延長上にある。基本的な発達課題の根底には、他人との情緒的なつながりのあるコミュニケーションスキル、両親からの精神的・経済的自立、自己に対する正直で健全な態度、倫理的な良心や謙虚さ、男性・女性の性役割の受容などがあり、原則として平均的な一定期間内で学習されることが望ましいとされる。エリクソンは、実際に精神分析家として臨床をする中で、心理社会的発達理論（ライフサイクル）を提唱した。人間の一生を８つの段階にわけ、その段階ごとに心理的課題と危機、課題達成により獲得する要素などを分類し、発達段階で関わる人物や具体的に何を通して課題をクリアしていくのかということもまとめている。マズローは、「人間は自己実現に向かって絶えず成長する」と仮定し、人間の欲求を５段階の階層で理論化した。自己実現の欲求（Self-actualization）、承認（尊重）の欲求（Esteem）、社会的欲求 / 所属と愛の欲求（Social needs / Love and belonging）、安全の欲求（Safety needs）、生理的欲求（Physiological needs）の５段階で、この順に上から、ピラミッドの形に積み上げた図が有名である。

　発達という変化は、単純に量が増大する量的変化ではなく、質的な変化を含む過程である。子どもの成長は、ラセン的変化を繰り返しながら進んでいく。毎日の変化は気づけないほどにゆっくりで、ときには停滞したり、後退するように見えたりすることもある。しかし、そうした変化を繰り返しながら、ある期間が過ぎて気づいてみると、子どもは確かに以前よりは高い発達水準に進んでいる。発達とは、より以前に使用した手段や機能を高次の手段や機能に再組織化する過程といえる。

（西牧 謙吾）

４．医学的観点からの把握 －肢体不自由－

（１）最近の肢体不自由児としての医療的ケア児

　周産期医療の進歩により、低出生体重児、脳奇形を伴う先天性疾患、分娩時仮死による無酸素性脳症、脳出血、脳梗塞等の脳血管障害など、生まれたときから新生児集中治療室（以下、「NICU」とする）で治療を必要とする子どもの数が増加している。その一部は、退院後も、人工呼吸器、胃瘻、腸瘻からの経管栄養、中心静脈栄養等、生命維持のために様々な医療を在宅でも必要とする。彼らは、医療的ケア児と呼ばれる。また新生児期以降、事故による外傷、虐待、脳炎・脳症や原疾患の進行によって小児集中治療室（以下、「PICU」とする）で治療を行った後に、医療的ケア児となる子どもも増えてきた。平成 28 年に医療的ケア関連の児童福祉法改正が行われた。従来の医療的ケアと違いは、対象疾患が拡大した点にある。今では、医療的ケア児には、多くの医療的ケアと医療機器が必要でも、歩けたり会話できたりする子どもから、必要とする医療的ケアや医療機器が少なくても、重度の知的障害と重度の肢体不自由が重複している寝たきりの重症心身障害児まで、様々な状態の子どもたちが含まれる。

　医療的ケアと言えば、ケア技術論を重視しがちであるが、病態の理解がないと、自立という教育の目的を見失う可能性があることを強調したい。また、今の医療的ケアの対象患者ですべての医療的ニーズを満たしたかというとそうではない。例えば、Ⅰ型糖尿病で持続皮下インスリン注入療法は想定外である。彼らも、先進医療を在宅で受けながら学校に通う子どもであるが、改正児童福祉法の定義では、医療的ケア児とは呼ばない。医療的ケア児の中には、原疾患の遺伝的原因が分かることがある。その場合、保護者で、保因者診断、次子の出生前診断など遺伝カウンセリングを受ける人が増えている。例えば、肢体不自由で重要な疾患であるデュシェンヌ型筋ジストロフィーは、代表的な遺伝性疾患であり、医療的ケアが必要な代表的疾患である。かつての若年死亡の原因が、呼吸筋と心筋のダメージであることが解明され、早期からの人工呼吸器装着による呼吸筋の保護と心拍数を落とす薬物を使用した心筋保護が始まり、寿命が延伸した。しかし、原因遺伝子が母親由来であることが判明することがあり、遺伝カウンセリングの結果、次子の産み分けや中絶等の生命倫理的問題をはらむ場合があり、慎重な就学相談が必要になることがある。

　では、医療的ケアでは何を目指すべきか。当事者の家族の【快】を保障することで、支援者の【快】につながると考える。快**食**は、おいしく、楽しく、安全に必要量食べられること。気持ちよく排**便**ができて、睡眠時の低酸素血症を起こさずにぐっす

り**眠**ることができる。日中は、**学**習の機会が保障されなければならない。すべての人は好きな**遊**びを楽しむべきである。**服**飾・おしゃれは生活の大切なアクセントであり、**住**環境の整備は非常に重要である。多くの人は自らの能力を社会の中で発揮したいと感じているものであり、**働**くための支援が不可欠である。そして、人を好きになる、結婚や出産を望むなど異**性**や同**性**に対する自然な感情の発露は尊重されなければならない。以上、快食、快便、快眠、快学、快遊、快服、快住、快働、快性の保障が、医療的ケアの最終ゴールである。

（2）医療的ケアからみえる障害福祉、特別支援教育の対象の拡大

　日本の障害者支援は、福祉から始まった。まず、篤志家による施設が作られた。戦後は、身体障害、児童福祉、遅れて知的障害の法律が制定され、新たな施設や福祉サービスが創設され、施設を中心に支援技術の蓄積が進んだ。現在では、障害者を支える地域を作るために、個人の支援レベルでのソーシャルワーク力を高め、医療、教育、福祉、労働分野の横のつながりを重層的に機能させる地域包括ケアを志向している。

　児童福祉法では、重度の知的障害と重度の肢体不自由が重複している児童を重症児と定義した〔昭和42（1967）年〕。これは行政上の定義であって、医学的な定義ではない。戦後まもなくは、その概念さえもなく、重症児は、就学免除で、医療の対象でもなかった。肢体不自由児施設にも、知的障害児施設にも入れない谷間の存在だった。養育は家族にゆだねられた。昭和42年の重症心身障害児施設の法定化以後、国立療養所重症児病棟（厚生事務次官通知、昭和41年発児91号で位置づけ）とともに、重症心身障害児の受け入れ先は増加していった。

　戦後、文部省（当時）は、昭和22（1947）年に制定された学校教育法で特殊教育の章を起こし、将来盲・聾・養護学校義務制に向けての準備を開始した。昭和28（1953）年に示された「教育上特別な取扱を要する児童生徒の判断基準」（養護学校に措置される障害の程度の基準）では、重度の知的障害児は、「現状の学校教育の設備やその他の条件で教育不可能である」とされ、就学免除の扱いであった。彼らは、知的障害児施設、後には通園施設で教育を受けた（在宅児への訪問教育は遅れて制度化された）。すなわち、軽度の障害児のみが特殊教育の対象となり、重度の障害児は施設へと分離して措置する方向が明示されたことになる。その後、全国で養護学校の設置が進み、障害児の教育と福祉（生活基盤の保障と自立生活のための技能の習得）の役割分担も進み、職業教育は学校が担当するようになった。昭和54（1979）年の養護学校義務制で、すべての障害児の就学が実現した。

　一方、中央児童福祉審議会〔昭和45（1970）年〕で、「動く重症児」を、①精神薄弱であって著しい異常行動を有するもの、②精神薄弱以外の精神障害であって著しい異常行動を有するもので、いずれも身体障害を伴うものを含むとして、①に該当するものについては、「重度精神薄弱児収容棟」において、また、これに肢体不自由を伴うものについては、重症心身障害児施設において、特に精神医療についての機能の充実により、医療と保護指導を図るものとし、②に該当するものについては、小児精神病院において治療を行う必要があると意見具申した。前年の昭和44（1969）年にはモデル的に、東京都（梅ヶ丘病院）、大阪府（中宮病院）、三重県（高茶屋病院）の公立病院に自閉症児施設が整備された。これらは、昭和55（1980）年の児童福祉法の改正により、医療型の第一種自閉症児施設になった。それ以前は、日本では自閉症の診断が専門家の間でも一致していなかった。現在では、「動く重症児」の多くは、最重度・重度知的障害と自閉症の合併例と考えられ、行動異常は、強度行動障害と呼ばれ、知的障害児（者）入所施設における大きな課題となっている。この課題は、今回の児童福祉法改正での医療的ニーズには入っておらず、現在も未解決である。

（3）最近の脳性まひ像

　我が国では、乳児期から、脳性まひ（そして、知的障害、発達障害も）の多くは、母子保健システムで早期発見され、医療機関、療育機関へとつながる。それ故に、就学に至るまでに、理学療法、作業療法、聴覚言語療法や障害児保育を経験し、医学的リハビリテーションの良いところ、悪いところを経験している。その結果、肢体不自由特別支援学校、特別支援学級で出会う脳性まひ児は、基本的には乳児期から続く姿勢と運動の発達障害としての歩行障害、上肢運動障害がある軽症例が多く、かつてのような、独歩、立位、座位が難しく、四肢運動まひがあり、関節拘縮が進んだ脳性まひは少なくなり、逆に重度重複障害としての医療的ケア児が増えている。彼らの多くは、超低出生体重児や重度奇形症候群のある児で、外界での適応に未熟な脳機能、身体機能のまま出生し、長期間NICUで治療後も、脳損傷に起因する発達障害像を伴っていることを理解する必要がある。近年の脳科学の進歩により、脳における感覚と運動の関連、運動学習の機能、認知・記憶機能の理解が進み、脳性まひの療育は、運動機能訓練を主体に行うものから、感覚入力を通し、外界環境に適応しようとする発達障害が本質であることを改めて認識させるものであった。

　例えば、就学前の療育の期間、四つ這い移動は行うものの、立ち上がりやつかまり歩行を嫌がり、自ら体位の変換を少なくするために介助を求めたとする。結果と

して、椅子座位が最も好ましい姿勢として選ばれてしまう。教育場面で、立位の時間を設けないまま、坐位での良肢位を求めると、下肢の屈曲位は固定化に進み、動きのない足部や膝関節からの感覚入力は、ボディイメージの中で、下肢の抗重力器官としての発達が促されず、自分の下肢について正常な空間認知を持てなくなる可能性があるという具合である。その結果は、小学部高学年独歩や立位を取ることが難しい脳性まひ児になる可能性がある。

　また、乳幼児期に親への依存性が高い脳性まひ児は、就学後の環境の激変に対応できず、局所の筋緊張の亢進やある場面での姿勢や随意運動の異常パターンに気付かれることがあるかもしれない。この場合、精神的な影響が、外界環境への適応が難しい脳性まひ児特有の感覚入力系に影響している可能性も考慮する必要がある。

　また、脳性まひにおけるてんかんの合併率は高く、抗けいれん剤を服用中の子どもも多い。この場合、首が不安定で、座位や立位での体幹の直立が保てず、覚醒レベルに問題がある場合があることも注意が必要である。特に姿勢運動の障害が軽度で日常生活動作が自立していると考えて、通常の学級に就学した後に、特異的学習障害や同級生との遊びや協調的行動が保てないなどの問題が生じる場合がある。もともと脳機能障害があることを考慮すれば、高次脳機能障害の有無、発達障害の合併も考慮すべきである。

（4）認知障害児としての脳性まひ児

　肢体不自由児の移動能力を獲得するためには、二足立位歩行に至る本来の乳児期での抗重力姿勢の発達を理解する必要がある。人間の乳児期の運動発達は、「胎児姿勢（魚類、両生類、は虫類）→あごを上げる→肩を上げる→支えてもらって座る→膝に座ってモノを掴む→椅子に座る→一人で座る→支えてもらって立つ→家具に掴まって立つ→ハイハイする→手を引かれて歩く→家具に掴まって立つ→階段をハイハイで上がる→一人で立つ→一人で歩く」といった発達段階を順番通りに経過していくことになる。この発達の順序性の順序が乱れたり、飛躍したりする場合には、発達上の何らかの問題や異常があると考える。また、発達には一定の方向性があり、上記の運動発達のように、頭部から尾部（脚部）に向かって進行すると同時に、体幹から末梢の方向へと進行する。発達は、個人差が大きいが、障害のある子どもと定型発達の子どもとの差も大きい。

　地に支持面の足底がついた状態での歩行では、下肢からの感覚情報が大脳に到達し、下肢アラインメント（二足立位に伴う足関節・膝関節・股関節の配列とそれを保持するために制御された拮抗筋による固定と運動）を発達させるが、座面支持で

の車いす移動は、全く異なった感覚刺激になり、最終的に、両者では異なった身体移動の認知を獲得することが予想される。

　車椅子から自分で降りる動作や、立ち上がって別の椅子に移る動作（トランスファー能力）など、定型発達の子どもならたやすくできる動作でも、学校生活でなかなかできない場面では、上肢支持と体幹の回旋運動の組み合わせや、股関節の進展回旋運動、膝の伸展運動、足関節の底屈運動などの複合運動を行う身体プログラムが、それまでの経験から育っていないことも想像すべきである。

　高次脳機能障害としての脳性まひでは、諸感覚を総動員した自己のボディイメージの確立、対象物の認知、数量の認知、時間の認知など、定型発達であれば自然に身につく基本的能力が、乳児期のレベルにとどまるか、歪みを生じて発達が間違って進んでしまっている可能性を考慮すべきである。

（西牧　謙吾）

５．学校見学や体験入学の仕方

（１）保護者の視点での有効な情報提供

　学校公開や学校見学、体験入学等の機会は、保護者が就学先を判断する上で、情報を得ることのできる重要な機会である。それぞれの機会において、学校（教員）からの情報提供だけでなく、在校する児童生徒の保護者の協力を得て、保護者の視点からの情報提供を積極的に行うなど、保護者の視点からの多面的で適切な情報提供を行うことが重要である。

（２）学校見学

　学校見学は、単なる施設・設備や授業の見学だけに終始しないように配慮する必要がある。保護者は、「我が子にとってふさわしい教育の場はどこか」「学校はどのような教育を行ってくれるのか」といったことを知りたいと願っている。したがって、校内を案内する場合には、保護者の学校教育に対する期待を十分に理解し、見学場面における学習内容のねらい、個々の児童生徒の学習課題や学習活動の意味、教員の子どもに対する働きかけの意図、学習活動の今後の展開等について具体的に説明するなど、保護者が知りたいことに的確に応えるための準備が必要である。そのために、例えば次のような点に配慮して、十分な準備の下に学校見学を実施する必要がある。

【事前準備】

就学相談担当者として
・保護者が知りたいこと、学校教育に対する期待等を把握しておく。 ・就学相談担当者として、保護者に伝えたいことを整理しておく。 ・学校（学級）との打合せを十分に行う。 ・日程や進め方、保護者の要望等を確認しておく。 ・見学のポイントや説明内容を確認しておく。
学校（学級）として
・学校（学級）要覧、指導計画等の説明資料を準備する。 ・説明のポイントや手順、担当者等を決めておく。 ・教室環境を整える。 ・校舎内の掲示物の整備、教室の清掃及び整理整頓をしておく。 ・玄関や下駄箱など、見学者をあたたかく迎えることと、案内表示、名札など、見学者が分かりやすいよう、環境を整える。

【学校見学当日】

就学相談担当者として
・学校や学級の担当者任せにせず、学校見学を進行する役割を担う。 ・きめ細かな対応を心掛ける。 ・保護者等の出迎え、案内、学校の教職員の紹介を行う。 ・見学の際は、常に保護者等の傍らに寄り添い、適宜質問や要望に応えられるようにする。

学校（学級）として
・保護者等への対応の仕方、服装、言葉遣い、人権に配慮した発言等に留意する。 ・資料等に基づき、分かりやすく、具体的に説明する。

（3）体験入学

　体験入学は、就学前に児童生徒が実際に特別支援学級や特別支援学校の学習活動に参加し、その学級や学校の教育内容・方法や教師の姿勢、当該児童生徒の適応の状況等について具体的かつ客観的に把握する機会である。体験入学を実施する際には、参加する児童生徒にとって慣れない環境での初めての経験であることを考慮して、あたたかい雰囲気の中で、楽しく活動ができるようにすることが重要である。

【事前準備】

就学相談担当者として
・児童生徒の障害の状態を十分に把握しておく。 ・保護者の要望や学校教育への期待を十分に聞き取っておく。 ・体験入学の目的を明確にし、保護者、学校（学級）との共通理解を図る。 ・学校（学級）との連携を図り、体験する学習場面を特定し、計画を立てる。

学校（学級）として
・児童生徒の障害の状態や配慮事項等について的確に把握しておく。 ・体験入学の目的等について、関係する教員間で共通理解し、当日の指導体制等を確認する。 ・授業のねらいや流れ等の概略を記載した指導案等を用意する。 ・教室環境を整える。 ・校舎内の掲示物の整備、教室の清掃及び整理整頓しておく。 ・玄関や下駄箱など、見学者をあたたかく迎えることと、案内表示、名札など、見学者が分かりやすいよう、環境を整える。

【体験入学当日】

就学相談担当者として
・学校や学級の担当者任せにせず、体験入学を進行する役割を担う。
・きめ細かな対応を心掛ける。
・保護者等の出迎え、案内、時程の確認、学校の教職員の紹介を行う。
・体験入学中は、常に保護者等の傍らに寄り添い、適宜質問や要望に応えられるようにする。
・今後の相談の進め方を確認する。
・体験入学の様子を記録しておく。

学校（学級）として
・体験する学習活動の簡単な説明を行う。
・学習名、ねらい、参加の仕方などについて、指導案等に基づき、分かりやすく、具体的に説明する。
・保護者から、児童生徒の配慮事項等を確認しておく。
・当日の体調、参加の仕方への要望等を把握しておく。
・保護者や児童生徒への対応の仕方、服装、言葉遣い、人権に配慮した発言等に留意する。
・保護者や教育委員会の求めに応じて、活動の様子や所見を伝える。

【学校見学終了後】

> 就学相談担当者は、就学に関する保護者の意向を確認し、今後の相談の進め方や手続等について説明する。体験入学は、保護者の理解と納得が得られるまで複数回行う場合もある。型どおりに進めることなく、保護者の意向を十分に把握しながら計画することが重要である。

（4）学校見学や体験入学に関する留意事項

　就学相談は就学前年度中に行われるが、学校見学については就学前年度以前から参加を募り、早期からの情報提供に位置付けることが望まれる。学校見学は年間で複数回実施されることが多く、そのうち就学相談に係る参加者の少ない時期に就学相談対象者以外の参加を募ることも有効である。

　体験入学については、学校見学を経て、市区町村教育委員会による就学相談の過程において行うことで、納得の得られる就学先の選択や円滑な就学につなげることができる。特に、就学先が、特別支援学校か、市区町村立小中学校で迷う場合は、両方の学びの場における体験入学をしてみることも有効である。

　さらに、体験入学に参加する児童等にとっては、慣れない環境での初めての経験であり、通常の生活と同じように過ごすことは困難である。そのことを踏まえて、体験入学時の当該児童等の適応の状況等を把握し、通常の生活の状況等との違い考慮し、その後の相談につなげることが必要である。また、体験入学先から、参加した児童等と認知や発達、障害の特性や程度が近かった蓄積された入学後の児童等の伸長の情報を聞き取り、就学後に想定される伸長への期待を伝えることも大切である。

（深谷 純一）

**都道府県教育委員会及び
市区町村教育委員会の役割**

　就学相談は、法令等に基づき各自治体が主体となって実施されるものである。そのため各自治体は、就学相談の円滑な実施及び充実を図ることに努めなければならない。

（1）都道府県教育委員会における教育相談体制の整備

　都道府県教育委員会は、特別支援学校のセンター的機能の充実などにより、市区町村教育委員会を積極的に支援する必要がある。

　市区町村教育委員会単独で就学相談に係る専門家の確保が困難な場合には、都道府県教育委員会が専門家を派遣したり、市区町村教育委員会の就学相談担当者を対象とし、就学相談の専門性向上に資する研修会を実施したりすることが挙げられる。

　さらに、都道府県は、域内の障害のある児童生徒を就学させるための特別支援学校の設置義務を負っており、引き続きその責務を果たしていくことが求められているほか、特別支援学校における専門性の向上、教育相談機能の充実、看護師等の外部専門家も含めた人的・物的体制の充実への取組が求められている。

（2）市区町村教育委員会における教育相談体制の整備

　市区町村教育委員会が障害のある子どもに対し適切な教育支援を行うためには、教育委員会に特別支援教育の経験豊かな職員を配置したり、保護者・本人との教育相談を行うことのできる職員等として配置したりするなど、障害のある子どもに対する教育支援、すなわち教育相談の実施や個別の教育支援計画の作成等を行うための体制整備を図るとともに、教育支援委員会等の委員に専門性の高い人材を配置することが必要である。

　また、就学先の決定に際して市区町村教育委員会において適切な判断ができるようにするため、市区町村教育委員会が、早期支援に係る機関（認定こども園、幼稚園、保育所、医療、福祉、保健等の関係機関）との連携強化による情報の共有化を推進することも重要である。

　市区町村においては、教育委員会と首長部局との連携を密にして、教育委員会や学校と医療、福祉、保健等の関係機関が情報を共有するなど、連携が円滑に図られるようにする必要がある。

さらに、小規模であったり、関係機関や専門家等の人材が確保しづらかったりする市区町村においては、複数の市区町村教育委員会が共同で教育支援委員会等を設置するなど、複数の市区町村が連携して体制整備をすることも考えられる。

（3）本人・保護者からの情報収集

　市区町村教育委員会が、総合的な判断を行うため、保護者面接や専門家等と連携した行動観察、医師診察及び諸検査の実施により、障害のある子どもの把握や必要な教育的ニーズを十分に把握する必要がある。

①保護者面接

　市区町村教育委員会の就学相談担当者による保護者面接では、児童生徒の障害の状態、成育歴や家庭環境、就学前の療育や保育の状況、教育内容や方法に関する保護者の意向等、就学先を決定するための必要な情報を的確に聞き取ることが重要である。

　保護者面接は、保護者の意向等を把握する大切な機会であるとともに、通級による指導、特別支援学級、特別支援学校における教育内容や個に応じた指導等について、保護者へ情報提供を行う機会でもある。

②行動観察

　児童生徒の行動特性や必要な配慮等を的確に把握するため、市区町村教育委員会の就学相談担当者又は市区町村教育委員会から委嘱された専門家等による行動観察等を行う。

　行動観察を行う際の留意点としては、固定的な見方にとらわれることなく、児童生徒の成長・発達を促す（可能性の発見）観点から実施することが挙げられる。

　なお、行動観察の方法として、保護者や就学前施設等に了解を取った上で、当該幼児児童等が在籍する幼稚園や保育所の施設等で行ったり、教育相談センターなどの市区町村委員会の施設で行ったりするが、幼児児童が過度に不安を感じたり、緊張しないようにしたりすることにより、日頃の様子を観察できるよう配慮することが求められる。

③医師診察及び諸検査

　幼児児童の就学相談時の障害の状態を的確に把握するために、小児科、小児神経科、整形外科、眼科等の専門医による診察を行うことは重要である。

　また、当該幼児児童の発達の状態等を把握するために、市区町村教育委員会から委嘱された心理学の専門家等が、標準化された発達検査による検査を実施することも有効である。

（４）市区町村教育委員会の法令に基づいた手続き

①学齢簿の作成

　市区町村教育委員会は、当該市区町村の区域内に住所を有する学齢児童及び学齢生徒について、学齢簿を編製する義務がある（学校教育法施行令第１条第１項）。この学齢簿の編製は当該市区町村の住民基本台帳に基づいて行わなければならない（学校教育法施行令第１条第２項）。

　前学年の初めから終わりまでの間に満６歳に達する者については、毎学年の初めから５か月前までに、学齢簿を作成しなければならない（学校教育法施行令第２条）。この学齢簿の作成は、10月１日現在において行うことになっている（学校教育法施行規則第31条）。

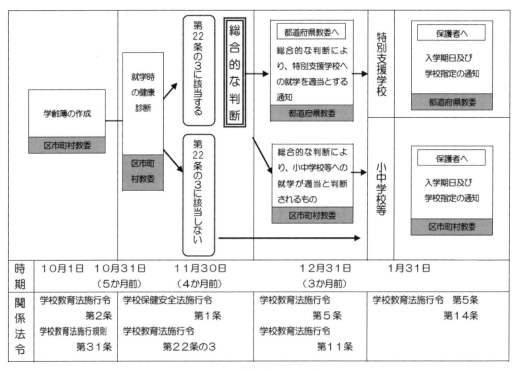

図２－３－１　法令に基づく就学相談の主な手続き

②就学時の健康診断の実施

　市区町村教育委員会は、当該市区町村の区域内に住所を有する者の就学にあたって、その健康診断を行わなければならない（学校保健安全法（昭和33年法律第56号）第11条）。

　この就学時の健康診断は、学齢簿が作成された後、翌学年の初めから４か月前までの間に行うことになっている（学校保健安全法施行令（昭和33年政令第174号）

第1条）。この就学時の健康診断の結果に基づき、市区町村教育委員会は、治療を勧告し、保健上必要な助言を行い、就学義務の猶予若しくは免除又は特別支援学校への就学に関し指導を行う等、適切な措置を取らなければならない（学校保健安全法第12条）。

③入学期日、学校指定の通知

（ア）小中学校等への入学期日、学校指定の通知

　市区町村教育委員会は、就学予定者で、学校教育法施行令第22条の3に該当しない者及び視覚障害者等のうち、総合的に判断して小中学校等への就学が適当と判断する者については、その保護者に対し、翌学年の初めから2か月前までに、小学校又は中学校の入学期日を通知しなければならない（学校教育法施行令第5条第1項）。

　また、就学すべき小学校又は中学校が2校以上ある場合は、当該就学予定者の就学すべき小学校又は中学校を指定しなければならない（学校教育法施行令第5条第2項）。

　なお、学校教育法施行規則の一部が改正され、平成18年4月から、市区町村教育委員会は学校教育法施行令第5条第2項（同令第6条において準用する場合を含む。）の規定による就学校の指定に係る通知において、その指定の変更について同令第8条に規定する保護者の申立ができる旨を示すことが示されている。

　就学する学校を変更する場合としては、例えば、いじめへの対応、通学の利便性、部活動等、学校独自の活動等を理由とする場合が考えられるが、市区町村教育委員会が就学する学校の変更を相当と認める具体的な事由については、文部科学省が別途送付している「公立小学校・中学校における学校選択制等についての事例集」等も参考にしつつ、各教育委員会において、地域の実情等に応じ適切に判断することが重要である。

（イ）特別支援学校への入学期日・学校指定の通知

　都道府県の特別支援学校への就学が適当と判断する者については、市区町村教育委員会は、都道府県教育委員会に対し、翌学年の初めから3か月前までに、その氏名及び特別支援学校に就学させるべき旨を通知しなければならない（学校教育法施行令第11条）。

　都道府県教育委員会は、市区町村教育委員会から通知を受けた者について、翌学年の初めから2か月前までに、就学させるべき特別支援学校の入学期日の通知をしなければならない（学校教育法施行令第14条第1項）。

　また、都道府県の設置する特別支援学校が2校以上ある場合は、当該児童・生徒

の就学させるべき学校を指定しなければならない（学校教育法施行令第 14 条第 2 項）。

（5）市区町村教育委員会による継続的な教育相談の実施

　就学時に、小学校段階 6 年間、中学校段階 3 年間の学びの場が全て決まってしまうのではなく、子どもの発達の程度、適応の状況、学校の環境等を勘案しながら柔軟に転学できることを関係者が理解しておくことは極めて重要である。

　そして、障害のある子ども一人一人の教育ニーズに応じて適切な指導や必要な支援を行うためには、就学時のみならず就学後も引き続き教育相談を継続する必要がある。

　小学校や特別支援学校小学部に就学後、障害の状態の変化や適切な指導や支援を行う場の検討の結果、就学先を変更することが適切と考えられる子どももいる。

　市区町村教育委員会は、このような子どもの教育ニーズ等の変化に継続的かつ適切に対応するため、域内の小中学校において個別の教育支援計画の作成・活用を推進し、その内容の充実を図るとともに、同計画を定期的に見直すことを通じて継続的な教育相談を行う必要がある。

（緒方 直彦）

【引用・参考文献】
文部科学省「教育支援資料」（平成 25 年 10 月）

4 学校の役割

1．就学相談における学校の役割（小学校）

（1）就学を希望する保護者に対しての対応について

　初めて小学校に就学する子どもの保護者の中には、学校は敷居が高いと感じている方もいるので、対応を丁寧にしていく必要がある。

　①学校の様子を知ってもらうには、主には在籍している保護者を対象にしているが、誰でも参観することができる学校公開等がよい。年に数回行う学校公開の日時を学校のホームページに分かりやすく表示するとともに、学校見学の問い合わせがあったときには、まず学校公開の日時をお知らせし、学校に来てもらうことが大事である。学校公開では、通常の学級の様子や特別支援学級等全ての学習の様子を見てもらい、指導体制や学習内容等について分かっていただくようにする。

　②学校公開に来てもらった際に、できるだけ面談等を設定し、そこで学校と見学者とで情報共有するのがよいが、管理職や特別支援教育コーディネーターが授業や在籍している児童の保護者対応等により、その場での個別の質問や相談に応ずることが難しい場合がある。また、学校公開の日程が、就学を希望する保護者の希望日と合わない場合もある。そのようなときには、個別に日程を調整して学校見学や相談する日を設け、対応していくようにする。

（2）学校見学を希望する保護者に対しての対応について

　学校見学の希望があった場合は、管理職と特別支援教育コーディネーターの都合がつく日程で調整し、対応していく。学校見学の連絡を受けた時点で、就学を検討しているお子さんの様子を聞いておくと、見学時の対応がスムーズになる。子どもも一緒に連れて行きたいという要望があったときには応えていくが、学校見学は1回に限らず複数回できるので、最初は学校の様子をしっかり見たり、説明を受けたりするためには、保護者だけの方が落ち着いて見られることを伝えてもよいだろう。

　①通常の学級か特別支援学級かで学びの場を検討している保護者に対しては、通常の学級と特別支援学級の授業どちらも参観できるように設定していくことが大切である。通級による指導（以下、「通級指導」という）は、参観が難しい場合があるので、指導内容や方法、指導体制等の概要が分かる資料等を用意し

ていくとよい。参観終了後は、特別支援学級等の説明や相談に丁寧に答えていくことが大事である。

②通級による指導と特別支援学級との違いが分かりにくいという声が聞かれるので、以下（3）に示す学びの場の違いについて、丁寧に説明していくことが大切である。

③特別支援学級と特別支援学校とで、学びの場の検討をしている保護者に対しては、以下のような違いを説明していくことも大切である。

　○特別支援学級は、通常の学級と同じの時間等の流れの中で学習を行うが、特別支援学校では、より児童の状況に応じた時間割の設定がなされていることが多い。

　○特別支援学校に比べて、特別支援学級の方が通常の学級との交流及び共同学習を行いやすい。　など

④学びの場を迷われている保護者に対しては、就学先が決まった後も、教育を受けていく中で、子どもの発達により固定ではなく、変わることもあることを伝えていくようにする。

（3）小学校における学びの場の説明について

　小学校における教育的配慮を要する児童の学びの場は、大まかに分けて以下の3つになる。①通常の学級で学ぶ、②通級指導を受けながら通常の学級で学ぶ、③特別支援学級で学ぶ（※通級指導を行う場の名称は「通級指導教室」と呼ばれることが多い）。

①通常の学級では、文部科学省によって定められた学級定数を1年生は35人、2〜6年生は40人（令和3年度から学級定数の改善が段階的に行われ、令和7年度には全学年で学級定数が35人となる）とし、その人数を基に学級編制を行い、学習を行っていく。国語や算数等の教科学習では、小学校の学習指導要領に則って作成された教科書を使い、一斉指導を基本として学習を行う。

　通常の学級でも、ユニバーサルデザインの視点に立った授業改善を行い、誰でも分かる授業づくりを目指したり、合理的配慮を行ったりしている。地域によっては、合理的配慮の一環で、教育的配慮を要する児童に支援員（地域によって呼び方は様々）が付く場合もある。

　しかし、学習等の内容については、細かく個々に応じて対応することが難しいことを伝えていくことが大事である。

②通級指導では、通常の学級に在籍している児童がその障害の状態に応じて、週

に1〜8時間の授業時間の範囲において、通級指導担当の教員から「特別の指導」を受け、その時間以外は通常の学級で授業を受けることになる。「特別の指導」の内容は、特別支援学校の学習指導要領に示されている自立活動になる。そのため、通級指導では、単に各教科等の学習の遅れを取り戻すための指導を行うわけではないことを、保護者に説明することが大事である。また、通級指導教室の形態として、児童の通っている学校に通級指導教室があり、そこで学習する「自校通級」、児童が他校に設置された通級指導教室に通い、そこで学習する「他校通級」、通級指導の担当教員が対象児童の学校を訪問して指導を行う「巡回指導」がある。就学を希望している学校がどのような形態で通級指導を行っているかについて、説明をしていく必要がある。文部科学省によって定められている通級指導の教員の定数は児童13人に対して1人になっている（平成29年度から令和8年度までの10年間かけて段階的に実施中）。児童一人一人の指導時間等は「個別の指導計画」作成時に決めていくが、指導する教員の人数等により、週1回、1回あたり数時間の指導が多くなっている。

③特別支援学級では、文部科学省によって定められた学級定数を8人とし、その人数を基に学級編制を行い、学習を行っている。特別支援学級の場合、通常の学級や特別支援学校とは違い、学年ごとの学級編制ではなく、在籍している総人数で学級を編制するため、学級内には1年生から6年生まで混在している。特別支援学級には、「知的障害」「肢体不自由」「病弱・身体虚弱」「弱視」「難聴」「言語障害」「自閉症・情緒障害」の学級があるが、多くの学校で設置されているのが「知的障害」と「自閉症・情緒障害」学級である。学校によっては複数の学級を設置している場合があるが、それぞれが8人の定数で学級を編制する。

特別支援学級の学習も小学校の学習指導要領の内容を基本とするが、障害による学習上又は生活上の困難を克服し自立を図るため、特別支援学校小学部の自立活動を取り入れることと児童の障害の程度や学級の実態等を考慮の上、各教科の目標や内容を下学年の教科の目標や内容に替えたり、各教科を知的障害者である児童に対する教育を行う特別支援学校の各教科に替えたりして、実態に応じた教育課程を編成することが認められている。

そのため、児童の障害の状態を考慮し、各教科等の一部又は全部を合わせて指導を行った方がよいと判断した場合は、「日常生活指導」や「生活単元学習」等の指導形態で、実際的な活動を中心に指導を行っている。また、各学校では、交流及び共同学習を推進している。そのため、特別支援学級の児童も、特別支援学級だけで学習するのではなく、通常の学級で学習することが多くなってきている。一人一人

に応じた「個別の教育支援計画」や「個別の指導計画」を作成していき、きめ細やかに指導を行っている。

（4）特別支援学級への体験入級について

特別支援学級への入級を検討していたり、就学相談で特別支援学級を勧められたりして、特別支援学級への体験を希望される方に対して、教育委員会等とも連絡を取り合いながら、体験入級を行っていく。

①体験入級では、体験する子どもが学級でスムーズに活動ができるように、受け入れ態勢を準備することが大事である。

②体験の場面では、集団で活動する場面と個別的に活動する場面を設定して、保護者、学校両方で学級での子どもの様子を確認できるとよい。

③体験入級が終わったところで、本人から感想を言ってもらったり、保護者から子どもが参加している様子の感想等を聞くなどして、今後の進路についての方向性を確認していくようにする。

（5）就学が決まった後の対応について

①就学が決まった家庭には、2〜3月にかけて新1年生保護者説明会を実施し、入学後までの流れについて説明する。入学までに準備するもの、学校での生活や給食、登下校、入学式等について丁寧に説明をしていき、保護者と子どもが安心して学校に入学できるようにする。特別支援学級の場合には、通常の学級とは違ったものを用意してもらうこともあるので、全体の保護者会後に、独自の説明会を実施するとよい。子どもによっては、入学式前に学校に来てもらい、入学式の流れや会場の様子を確認して、見通しをもって入学式に臨むと学校生活のスタートがスムーズになる。

②幼稚園や保育所等の就学前施設で行っていた支援を把握し、学校での指導に活かしていくことが大事である。そのために、保護者にはできるだけ「就学支援シート」※を作成して、入学前までに学校に持ってきてもらうようにする。また、必要に応じて管理職や特別支援教育コーディネーターが保護者と面談を行ったり、幼稚園や保育所等に連絡をして、園等での生活の様子を聞いたり参観に行く等、子どもの実態把握に努め、学校での生活や学習の支援体制づくりを図っていくことが大事である。

※幼稚園や保育所等の指導経過や支援の内容等を小学校等に引き継ぐための東京都で用いられる資料（P.143 参照）。

（川崎　勝久）

2．就学相談における学校の役割（特別支援学校）

　就学相談において、就学を予定している本人・保護者に対して、学校が情報提供を行うことは、極めて重要である。正しい情報をもとに、本人・保護者は判断し、意見等を市区町村教育委員会に伝えることができる。障害のある児童生徒にとって、就学先の一つの候補になる特別支援学校からもしっかりした情報提供が行われることが期待される。特に特別支援学校の場合は、通常の学校とは、教育課程や教育内容、学級編制、教職員の人数、学校施設等が異なる部分があるので、一層丁寧な情報提供が必要である。

（1）ホームページの活用と教育相談

　学校のホームページは、誰でも簡単に情報を入手できる手段となる。もちろん、特別支援学校に就学を検討している保護者もホームページを見ることで、基礎的な情報を手に入れることができる。このため、学校のホームページには、学校の位置、アクセス方法から、通学区域、設置されている学部、スクールバス、各学部の時間割など、学校全体の基礎的情報を分かりやすく掲載する必要がある。

　なお、ホームページを見て、より詳細な情報を知りたいと思う保護者のために、学校公開の開催の情報や、教育相談の内容と受付方法等を記載してあると、ホームページから発展した情報提供へ結びつけることができる。

（2）学校公開における情報提供

　学校公開を実施する場合は、公開の目的に応じて、学校と連携した機関や地域の方を対象とする一般向けの公開と、就学を予定する本人・保護者を対象とする保護者向けの公開に分けた方がよいように考えている。なぜなら、就学を検討している保護者の場合は、より就学する学部の情報を知りたいと思っているからである。このため、小学部への就学を検討している保護者には、小学部の教育内容や教育課程等の説明と、小学部の授業参観の実施等、より限定して情報提供を行う。中学部も同様に中学部の情報提供をすることを主眼にする。

　また、学校公開に際にも、個人的に相談をしたい保護者がいると考えられるため、教育相談の機会を設定するのが好ましいと考える。

（3）就学相談の過程における学校見学による相談

　就学相談が始まり保護者の希望による学校見学が実施されることが多い。この学校見学は、ホームページや学校公開による情報提供よりも、より、就学を検討している個々の保護者の知りたいことに対応した見学を実施する必要がある。このため、単なる施設や設備の見学だけに終始しないで、学習場面を見学できるように配慮する必要がある。さらに、就学する児童生徒が、次年度就学する学年に最も近い学年の見学ができるように調整することで、保護者に就学後のイメージを提供できる。その折は、見学場面で、学習内容のねらい、個々の児童生徒の学習課題や学習活動に意味、教員の児童生徒への働きかけの意図などの説明を提供できると保護者の理解を進むと考える。

（4）就学相談の過程における体験入学による相談

　体験入学では、就学前の児童生徒が、実際に特別支援学校の授業等の学習活動に参加して、その児童生徒の様子を観察することができる。保護者の気持ちからすれば、我が子が実際に特別支援学校の授業に参加したらどのようになるかのイメージをもちやすいと言える。このため、学校見学と同様に、できるだけ就学する学年に最も近い学年、例えば、小学部 1 年生の学級で体験することが望ましい。また、子どもにとっては、慣れない環境で初めての体験であることを考慮して、あたたかい雰囲気の中で、楽しく活動できる配慮を行う必要がある。就学相談を担当する教員は、事前に体験入学を受け入れる担任とよく相談して受け入れ体制を整える必要がある。また、慣れない環境にすぐには溶け込めない児童生徒も少なくないので、無理に学習活動に参加させるより、子どもにも見学をしてもらうといった働きかけ程度に留めることもある。

（5）入学後の引き継ぎ

　学校の役割として、就学後の引き継ぎは極めて重要である。特別支援教育における早期からの一貫した支援の構築は大切な視点であり、就学相談においても、この観点から就学前機関から学校への指導・支援の引き継ぎは様々な形で行われていると考える。課題は、こうした引き継ぎを学校がしっかりと受け止めるかどうかである。そのため学校は、提供された情報を確実に学校の指導・支援に活かすため、個別の教育支援計画や個別の指導計画の作成に反映させたり、必要に応じて就学前機関との引き継ぎ会の実施をしたりすることも必要である。その際、情報の引き継ぎに関しての保護者の同意を得る等の配慮が必要である。

（6）特別支援学校として説明するべきこと

　特別支援学校への就学を検討している保護者に対して、特別支援学校の目的の「障害による学習上または生活上の困難を克服し自立を図るために必要な知識技能を授けること」について、学校は、具体的に何を行うかをより丁寧に説明しなければならない。特別支援学校の授業は、通常の学校とは異なる部分があるが、「通常の学校の経験しかしていない」保護者にとって、馴染みのない授業もあるかもしれない。そのことを念頭に、意義や目的を丁寧に説明する必要がある。また、特別支援学校では障害のある子どもが安心して学校生活が送れるための配慮も行っているが、保護者に協力と理解を依頼する部分もあり、就学前の説明は大切である。

①教育課程

　特別支援学校の教育課程で、特に、知的障害のある児童生徒の教育課程の中で、各教科等を合わせた指導という授業が行われることが多い。具体的には、「日常生活の指導」「生活単元学習」「作業学習」「遊びの指導」がこれにあたる。この授業は、「教科、道徳、外国語活動、特別活動及び自立活動の全部又は一部を合わせた指導」ということであるが、保護者には馴染みがない授業である。このため保護者には、その授業の意義や内容、目的等を丁寧に説明する必要がある。

　また、特別支援学校の教育課程において極めて重要な「自立活動」があるが、自立活動とは、「個々の生徒が自立を目指し、障害に基づく種々の困難を主体的に改善・克服するために必要な知識、技能、態度及び習慣を養い、もって心身の調和的発達の基盤を培う」ことを目的とし、個々の生徒の障害の状態や発達段階等の的確な把握に基づき計画を立てて指導するものである。特別支援学校の教育課程の特徴として、保護者に是非とも説明をするべきである。

②学級編制

　特別支援学校の特徴は、少人数指導によるきめ細かい指導ができることである。特別支援学校の学級編制の標準は、小学部・中学部において６人、高等部において８人、重複障害児童生徒の場合は３人とされている。このように普通学級と重複学級では、児童生徒の人数に違いがあること、また、学級編制は、学年ごとの児童生徒の人数の関係で、人数の多い学級と少ない学級があることなどの説明が必要である。さらに、こうした学級編制で教員の人数は決まるが、各学級に同じ人数の教員が配置されるとは限らず、学級によって、１人の担任の場合も、２人担任の場合もあることを丁寧に説明する必要がある。

③医療的ケア

　特別支援学校には、医療的ケアが必要な児童生徒が就学するケースも多くなって

いる。特別支援学校では、看護師が配置されている学校もあり、在校中の医療的ケアの実施については、保護者が学校に待機して医療的ケアを実施しなくても、看護師が実施したり、研修を修了した教員が実施したりするなどの対応ができるようになった。しかしながら、就学してすぐに、看護師や教員が医療的ケアをできるわけではなく、学校における医療的ケアの体制が構築されてから、看護師や教員による医療的ケアの実施が始まることになる。それまでは、保護者に付添を依頼せざるを得ない場合もある。また、医療的ケアの内容によっては、保護者による実施が必要なこともある。さらに、校外学習や宿泊行事では、保護者による実施を依頼せざるを得ない場合もある。こうした学校における医療的ケアの実施方法については、就学前に保護者に十分説明し、理解を得ることが重要である。

④登下校の方法

　特別支援学校は、児童生徒の居住地から離れた場所にあることも多い。毎日の登下校をどうするかは、保護者にとって大きな課題である。多くの特別支援学校はスクールバスが配車されているが、スクールバスは、各家庭の前まで送り迎えできるとは限らず、通常バス停を設置し、そこまでは保護者に送迎を依頼せざるを得ない。また、医療的ケアの必要な児童生徒の場合などは、スクールバスが利用できないこともある。さらに、小学部から中学部、高等部への進学の過程の中で、公共交通機関を利用して、児童生徒が自力で登下校する練習等を始めることもある。こうした、日常の通学方法等についても、学校の状況を保護者によく説明し、理解と協力を依頼することも大切である。

（市川 裕二）

5 就学前機関の役割

1．幼稚園や保育所などに期待すること

（1）はじめに

　障害のある子どもの教育にあたっては、その障害の状態等に応じて、可能性を最大限度まで発揮させ、将来の自立や社会参加のために必要な力を培うという視点で学びの場を検討することが求められる。このため、障害のある（その疑いがある）幼児の就学先の決定は、年長児（就学の前年）になってから、検討を始めるのではなく、できるだけ早くから幼児の実態把握・相談を実施し、本人・保護者の意見を可能な限り尊重し、専門家の意見を取り入れながら総合的に判断することが求められる。

　この際、重要な鍵を握っているのが日常の生活を共に過ごす中で、幼児の実態を正確に捉えている幼稚園・保育所の教員、保育士、職員である。

　本節では、幼稚園・保育所の担当者に求められる役割について述べる。

（2）保護者支援 〜幼児期の担当者に求められること〜

　幼稚園や保育所の担当者に、障害のある（又は疑いがある）幼児について悩んでいることや困っていることを挙げてもらうと、次のような共通した意見が挙げられる。

- ・他の幼児と同じペースで活動することが困難
- ・集団帰属の意識が薄い（一人でいても大丈夫）
- ・相手に乱暴なことをする
- ・全体に向けて出した指示が伝わらない
- ・保護者が我が子の障害を受け止めていない

　この際、「視覚障害がある」「難聴である」「軽度の知的障害がある」「車いすを利用している」という分かりやすい障害に起因する問題は少ない。これらの場合、既に連携・相談機関とつながっており、幼児のニーズに合わせた支援が進められているからである。

　反対に、明確な原因は特定できないものの、他者との関係がうまくとれない、周囲とどこか違った行動をとる、集団生活が円滑にいかないといった幼児の対応については、支援の方法が分からず、保護者に対して日常の対応や就学先についての具体的なアドバイスができずに悩んでいることが分かる。

　このような場合は、相談したものの病院等では理由が特定できず「しばらく様子を見ましょう」ということにもなりかねず、子ども、担当者及び保護者が困ったまま取り残された状態になる。

　また、担当者は原因がなんとなく見えていても、保護者にそれを分かりやすく伝えられなかったり、保護者自身が障害の受容に時間がかかったりするなどして、子どもへの支援が先延ばしになってしまうこともある。

　保護者が障害を理解し、我が子の状況を受容することは、その後の育児や就学先の決定に大きな影響を及ぼす。しかし、一般的に、我が子に障害があるということが担当者から伝えられると、多くの保護者は動揺し、落ち込んだり、障害を認めなかったりといった過程をたどる。この際、身体的な障害とある程度成長した後で顕在化する障害（発達障害など）によっても、保護者の障害受容へのプロセスは異なる。

　保護者の多くは、子育ての経験が限られており、子どもの発達過程のモデルを俯瞰的に見るといった状況には恵まれていない。また、彼らの両親（祖父母）においても多くの子どもの発達を見てきたということは少なく、子育てについて経験に基づいた的確なアドバイスがされていない場合がある。

　したがって、育てにくさは感じているものの「家庭では特に問題はない」「私が言ったことは伝わっている」「マイペースなだけである」といった実態把握に留まり、具体的な支援につながっていない場合がある。

　また、幼児期においては、全員が何らかの支援を必要としており、それは我が子だけではなく、成長と共に問題はなくなるという期待が含まれていることも保護者の実態把握の目を曇らせる原因となっている。

　しかし、多くの幼児に接している幼稚園・保育所の担当者は、幼児の課題がいずれ自然に解決する程度のものか、手厚い支援がなければ解決しないものなのかは、経験則で分かっている場合が多い。そして、この判断の多くは的を射ている。

　そこで、幼稚園・保育所の担当者には、多くの子どもを見てきたという経験から導き出した教育的支援の必要性を保護者に分かる言葉で伝えることが求められる。この際の保護者支援の方法には正解はない。子育てや我が子の障害に戸惑いを感じ、不安を抱いている保護者もいることから、問題解決の方法を急ぐと言うよりも、保護者と共に子どもの将来を一緒に考えていくといった足並みをそろえることが大切である。

　保護者が我が子の障害と向き合い、幼稚園・保育所の職員と一緒に頑張っていくという気持ちになることが、子どもにとっての望ましい就学先を見つける第一歩となる。

（3）支援の引き継ぎ 〜個別の教育支援計画・個別の指導計画〜

①個別の教育支援計画

　障害のある幼児は、幼稚園・保育所の生活だけでなく家庭生活や地域での生活を含め、長期的な視点で幼児期から学校卒業後までの一貫した支援を行うことが大切である。このため、園等関係者のみならず、家庭や医療、福祉などの関係機関と連携するため、それぞれの側面からの取組を示した個別の教育支援計画を作成し活用していくことが求められている。

　現在、多くの自治体では「子育て支援ファイル」等の名称で、個別の教育支援計画が用意されているので、その活用方法も含めて担当部局から情報を集めることが大切である。個別の教育支援計画の活用にあたっては、例えば、適切な支援の目的や教育的支援の内容を設定したり、就学先である小学校に在園中の支援の内容や幼児の変容などを伝えたりするなど、切れ目ない支援に生かすことが大切である。

②個別の指導計画

　個別の指導計画は、個々の幼児の実態に応じて適切な指導を行うために幼稚園・保育所等で作成されるものである。個別の指導計画は、教育課程・保育内容を具体化し、障害のある幼児など一人一人の指導目標、指導内容及び指導方法を明確にして、きめ細やかに指導するために作成するものである。

　こうした個別の教育支援計画と個別の指導計画の作成・活用システムを幼稚園・保育所内で構築していくためには、障害のある幼児などを担任する教員・保育士や特別支援教育コーディネーターだけに任せるのではなく、全ての職員の理解と協力が必要である。園等における特別支援教育の位置付けを明確にし、組織の中で担任が孤立することのないよう留意する必要がある。

　このためには、園長等のリーダーシップの下、幼稚園・保育所の教職員全体の協力体制づくりを進めたり、二つの計画についての正しい理解と認識を深めたりして、全教職員の連携に努めていく必要がある。

　幼稚園・保育所においてはこれまでも支援が必要な幼児の様子を記録として残している。しかし、それらが、引き継ぎに活用するという視点でまとめられておらず、行った支援を時系列で羅列したものになっていることがある。

　個別の教育支援計画や個別の指導計画には、①目標の設定、②行った支援、③幼児の変容・成長、④評価が分かりやすくまとめられている必要がある。また、関係者が活用するという点では記述されていることに客観性が求められる。

　幼稚園・保育所においては、幼児に初めて接する者が、短時間での実態把握と次に行う支援をイメージすることができるような個別の教育支援計画・個別の指導計

画の作成を意識してほしい。

（4）ケース会議（事例研等）による支援の具体化

　特別支援教育が開始して 10 年以上が経ち、障害（特に発達障害）についての理解・啓発は急速に進んでる。幼稚園・保育所担当者においても、その養成課程で特別支援教育の基本的な講義を受けたり、初任者、現任者の研修でも障害のある幼児への関わり方について学んだりする機会が増えた。

　しかし、幼児Ａさんへの支援をどのように提供していくとよいのか、保護者Ｂさんへの支援はどう行ったらよいのかといった具体的な方法が分からずに悩んでいる担当者は少なくない。

　私の勤務する市においては、そのような事案に対応するため、特定の部署が中心となって保育専門技術向上支援事業を進めている。

　この事業では、委嘱された大学の教員（特別支援教育・児童心理等）が市内の幼稚園・保育所を複数園担当し、幼稚園・保育所が指定した幼児の行動観察や担当者からの聞き取り等を通して、幼児に合わせた支援方法や保護者への対応を事例検討の形で協議を行い、担当者の特別支援教育の力量を向上することをねらっている。

　研修は対象児の行動観察や個別的な聞き取りに基づいて行われるため、話し合われる支援方法は具体的になり、担当者にとっては、翌日から実践してみることができるものとなっている。

　また、幼稚園・保育所においては、事例検討の方法を他の幼児にも応用して、園内での他の幼児への支援に広げていくこともできる。

　障害のある幼児への効果的な支援、そして就学先決定に向けた相談等は、一般論では語ることができず、全てが個に応じたものとなる。そのためには、幼稚園・保育所の担当者がニーズに応じた対応を話し合い、幼児一人一人に合わせていくことが必要である。

（大西　孝志）

【引用・参考文献】
文部科学省「教育支援資料」（平成 25 年 10 月）
文部科学省「幼稚園教育要領」（平成 29 年 3 月）

2．療育センター等の就学支援

（1）「療育センター」等とは

　「療育センター」に法律上の規定はなく、主に都道府県等が広域設置している子どもの発達に関する専門的な相談や支援を行う中核的な施設を指すことが多い。もともと「療育」という言葉が、肢体不自由児施設・整肢療護園を創設した医師、高木憲次により最初に使用されたことから、「療育センター」と名のつく施設の多くは、肢体不自由児に対する「医療」と「福祉」（入所を含む）を総合的に提供する施設からスタートしている。その後、北九州市立総合療育センター初代所長の高松鶴吉が「療育」の対象を全ての障害児に拡大し、「注意深く特別に設定された特殊な子育て、育つ力を育てる努力」と育児支援の重要性を強調したこともあり、現在では障害を限定せず、また医療を提供しないセンターも増えてきている。中には特別支援教育センターや特別支援学校等を併設しているセンターもあり、地域によってその在り方は多様である。

（2）療育センター等の実態

　平成 23 年に改正された障害者基本法では第 17 条「療育」が創設され、インクルージョンの推進にはできる限り身近な場所で療育を受けられることが重要であると明記された。今後「障害児福祉計画」に基づき療育の地域拠点となる「児童発達支援センター」が各市区町村に少なくとも 1 カ所以上整備されることになっている。「児童発達支援センター」（以下、「センター」という）とは、児童福祉法に定める主に就学前の子どもに対して発達支援を行う児童福祉施設であり、「療育センター」と同義で捉えてよいだろう。福祉型と医療型があるが、医療型は肢体不自由児施設の流れを汲むため、肢体不自由児に対する児童発達支援及び医療の提供と定義されている。一方、福祉型は障害種別に定めがないため様々な子どもを受け入れており（主たる障害種別を定めているセンターもある）、利用児の半数以上は発達障害の可能性のある児童である。センターの強みは、併設している外来診療や発達相談室において、子どもの障害や特性、発達の評価に基づく「見立て」と支援の「手立て」を医学的・心理学的・社会学的に行えることである。診察や評価、相談や支援を通して得られる情報は、就学支援にあたっての貴重な情報となる。

　全国のセンター等の設置状況は、表2－5－1のとおりである。公立や医療型のセンターが存在しない地域もあり、地域偏在が指摘されている。先述のように、セ

ンターの様態は画一的ではないことから、就学相談を行うにあたっては地域のセンター等の整備状況や支援内容、機能について知っておく必要がある。

表2−5−1　児童発達支援を実施する施設・事業所の設置数（令和元年10月1日現在）

種　別	公　営	私　営	計
児童発達支援センター（福祉型）	132 (22.0%)	469 (78.0%)	601 (100%)
児童発達支援センター（医療型）	48 (49.0%)	50 (51.0%)	98 (100%)
児童発達支援（センターを除く）	475 (6.2%)	7,178 (93.8%)	7,653 (100%)

出典：厚生労働省　令和元年度社会福祉施設等調査

（3）療育センター等の機能

　センターで提供される療育は、未就学の子どもに発達支援を行う「児童発達支援」である。親子又は子ども単独で通所してもらい、10名以下の小規模単位で、養護を大切にした規則正しい流れのある生活や豊かな遊びを提供することがベースとなる。その上で、障害や特性に配慮された分かりやすい環境を通して、ADLの獲得や言語・コミュニケーション、社会性等の発達を促すのが一般的である。現在は、民間事業所が増え、運動や認知学習などに特化したスポット型、個別型の支援も見られるようになっている。支援の多様化に伴い、以前は「毎日通園」という呼び名でセンターのみを利用する子どもたちも多かったが、今では保育所や幼稚園等に通いながら、曜日や時間帯を決めて並行利用する子どもたちも多くなってきている。

　なお、センターは療育の地域拠点であることから、通所型の支援だけでなく、外出困難な児童をその居宅で支援する「居宅訪問型児童発達支援」や、保育所や学校等に出向き支援する「保育所等訪問支援」のアウトリーチ型支援、地域生活や療育をコーディネートする「障害児相談支援」などを複合的に実施している。療育への入り口となる発達相談室を独自に開設したり、保育所や幼稚園等の巡回相談を行ったりするなど、広く地域の子どもや家族、関係機関を専門的に後方支援することにも力を入れている。

（4）療育センター等における就学支援の実際

　児童発達支援の基本機能は、「本人への発達支援」「家族支援」「地域支援」であり、これらは児童期において特に重要である。厚生労働省発出の「児童発達支援ガイドライン」（平成27年）では「移行支援」が追加され、学校等への円滑な移行を念頭に置いた連続性のある支援や、就学支援時の緊密な連携が期待されている。以下に、センターにおける就学支援等の実践例を紹介する。

①本人支援

　現在、障害児支援は権利擁護がベースとなっている。これは教育においても同様であろう。例えば、自分の意見を発する機会が十分に与えられ、かつ大切にされる日々の関わりは、児童の権利に関する条約に規定する「意見表明権」の保障であり、成人期の「意思決定支援」につながるものである。就学前は成長発達の基盤づくりを行うボトムアップ型支援が強調されるが、就学後の学校生活や卒後の社会生活を見据えたトップダウン型支援も重要である。センターでしっかりと療育を受けた子どもたちが、大きな混乱もなく入学後の学校生活に適応できているという話はよく聞くことである。これは、人の話（音声言語に限らない）を聞くことや、手がかりに注目して自ら気づき動けること、着席して課題に取り組むことなど、就学後に必要となる生活スキルや学習の構えが身に付いているからである。教育と連続性のある支援は、保育所や幼稚園等では必然であるが、センター等でも同様に重要であり、早期からの連動が求められる。

　障害や特性に配慮した環境の設定は、インクルーシブ教育システムでも大切にされるが、子どもの学びや発達する力を最大限伸長させる療育においても支援の中核である。TEACCHに代表される構造化や認知特性などに応じた働きかけは、年齢に関係なく療育がスタートした時点から導入される。これらの支援を効果的に行うためには、子どもの発達を多角的に評価し、その上でどのような支援があればよいのかをプランニングし、実践、再評価、計画の見直しを繰り返すことが欠かせない（PDCAサイクル）。平成24年の児童福祉法改正で、児童発達支援管理責任者が中心となって最低6か月ごとに「個別支援計画」を作成することが義務付けられている。「個別支援計画」には「見立て」と「手立て」が書き込まれており、就学後も活用できる貴重な情報が含まれている。

　就学支援にあたっては、市区町村の求めに応じて、診断書や意見書、これまでの支援経過などの就学相談にかかわる資料を作成して、保護者の承諾を得た上で提出している。就学決定後は、卒園児の「アフターケア」として学校を訪問し、担任等と学校生活について情報交換している。就学後の教育に役立ててもらうため個別の支援計画に加え、計画に基づく支援内容を具体的に伝えるため、実際に使用していたマークや絵カード、教材等のほか支援の様子を動画で見ていただいたりしている。

②家族支援

　早期からの教育相談、就学相談が大切と言われているが、実際には就学相談の対象は就学を翌年に控える年長児に限定されている。そのため、我々のセンターでは早い段階から就学に向けた意識を持ってもらえるよう、先輩保護者に依頼し、就学

相談や就学後の学校生活等に関する「学習会」を開催している。経験に基づくリアリティのある情報交換は、保護者の就学に関する不安を低減させ、低年齢のうちから学校見学会に参加するなど具体的な行動促進にも役立っている。また、区の障害者福祉課と教育委員会とタイアップし、センターの利用者・登録者向けの「就学相談の事前説明会」も開催している。

③地域支援

　センターは療育の拠点として、保育所等地域の関係機関を専門的に支援する役割も期待されている。「保育所等訪問支援」は、配慮が必要な子どもたちに対して保育所等の現場で行う発達支援である。対象となる子どもを抜き出して障害や特性に応じた認知や感覚課題等を行うこともあるが、実際にはまわりの子どもたちも巻き込んで遊びの中でやり取りの仕方を教えたり、先生方には障害や特性の理解と環境設定、言葉かけの方法について一緒に検討したりすることが中心である。なお、保育所等訪問支援は学校にも派遣でき、就学後の円滑な引き継ぎのために利用することも可能であるが、実態はまだまだ限定的である。そのほか、センターの専門スタッフを区就学相談委員会のメンバーとして派遣し、子どもの評価や就学後の配慮の必要性について意見を述べるなど、地域の就学支援に協力している。

　福井県では、福井県こども療育センターも参画して作成した、発達障がい児者福井県方式支援ツール『子育てファイルふくいっ子』を就学支援に役立てている。情報をつなぐ相談支援ファイルは全国で作成されているが、福井県の特徴は、保護者や保育士が簡単に付けることできる「アセスメント機能」（特性をレーダーチャートで視覚化等）のほか、保育所等での支援に役立てる「個別の支援計画の作成・評価機能」、円滑な学校等への「移行支援機能」を備えている点にある。移行の際には、評価票や個別の支援計画に加え、「引き継ぎのためのサマリーシート」を作成するが、どのような配慮があればできるのかという文体で書き込むとともに、保育士等や保護者の願いも添えている。移行支援については県教育委員会が中心となり『特別な支援が必要なこどものための移行支援ガイドライン』を作成し、情報を受け取る側の学校にファイルの効果的な活用方法や移行支援会議の開催方法等について指南している。就学支援にあたって作成される就学相談にかかわる資料をファイル添付のサマリーシートで代替できるよう共有化を図るなど教育と福祉の垣根を除く取組も行っている。

（光真坊 浩史）

3．就学支援に向き合う就学前機関の思いと試み

はじめに

　社会福祉法人からしだね　うめだ・あけぼの学園は、乳幼児期からの育ちにくさ、育てにくさのある子どもとその家族に対して、発達支援・家族支援・地域生活支援の視点から医療、教育、福祉、心理、保育などの様々な専門職（小児科医師・看護師・理学療法士・作業療法士・言語聴覚士・社会福祉士・公認心理師・臨床心理士・臨床発達心理士・児童指導員・保育士・栄養士など）による学際的なチームアプローチをする児童福祉法6条、43条に基づく児童発達支援センターである。

　学園での発達支援活動は、子どもの育ち事情（発達的なニーズや年齢など）や生活事情（家庭・保育所・幼稚園など）などに応じて5日／週から1日／4週までの様々な頻度や形態や内容で行われている。都内足立区在住を中心に約300家族が通所利用をしている。さらに今日では制度化されている「保育所等訪問支援事業」「障害児相談支援事業」「東京都特別支援教育の外部専門家導入事業」「保健所の乳幼児健診事業」「東京都心身障害児等療育支援事業」など地域に向けたアウトリーチと言われる地域支援事業も実施して約半世紀になる。また学園の各種支援サービスを利用しつつ就学する子どもは例年80名ほどである。

　そこで向き合っている就学に絡む課題に関して、
（1）子どもの視点から
（2）保護者・家族の視点から
（3）支援機関の視点から
という3つの視点から取り上げてみることにする。

（1）子どもの視点から

　誰もが子どもの健やかな育ちと暮らしを守り、支えようと願っているが、昨今のの子どもの育ち環境は、地球的規模での経済構造、産業構造、社会構造などの変化やそれに伴う市民の生き様や暮らしぶりや価値観も大きく、しかも急速に変容をしてきている。例えば、我が国では合計特殊出生率が2.0を大きく割り少子化が加速的に進行し、人口減少が止まらなくなり、その減少率は政府の予測を遥かに上回っているという。

　その結果、労働力確保政策で外国人労働者が大量に国内に流入し、多文化社会が身近なところで急速に広がり、文化、習慣など生活背景が大きく異なる子どもが決して珍しくなくなっている。事実、当学園でも近年父母の両方あるいはどちらかが

外国にルーツに持つ家庭が確実に増加している。

　さらに深刻な課題は児童虐待問題である。我が国の社会病理現象のもっと深部にその因を持つ、悩ましい事態が飛躍的に拡大している。育ちや育ての困難度が大きい家庭に虐待の可能性が高くなるということは、虐待関係学会でも指摘されていることである。それは子育て家庭の身近なところでのサポートの不十分さであったり、社会の核家族化や経済的、心情的ななゆとりのなさの進行からくるものであろうか。

　いずれにしても乳幼児期からの育ちや学びの支援が我が国では 1970 年代以降、福祉レベルでは全国的に一定の水準で急速に整備されつつあるが、就学までの在園期間が全国的に 24 カ月平均（当学園では約 40 カ月）である。そのことから子どもの学習レディネスや学習態度は、就学前の集団生活の中である程度積み上がっているかもしれない。その意味では、就学後の教育課題は生活習慣の確立や身辺自立から教科学習的な課題へとシフトしてきているとも言われている。保護者自身も従来の学校教育というイメージで、また親としての強い願いもあって、学校に対する興味関心は「読み書き算盤」的な教科学習能力の獲得や向上に向かっているかもしれない。

（2）保護者の視点から

　就学問題は子育て家庭にとっての、ある意味最初に直面する家族会議にかけるほどの一大テーマであろう。とりわけ、子どもの育ちに不安があるような場合にはなおさらであり、我が国がインクルーシブな社会を目指した時代であるとしても、やはり就学は悩ましく、また長期にわたっての保護者の大きな課題となるであろう。

　そうした保護者の課題に半世紀近く向き合いながら、いつも感じていることや時代とともに変わってきていること、更には我々自身がサポーターとして矜持を持って伝えようとしていることなどがあることも確かである。3 番目のテーマについては次の項目に回すとして、就学問題に直面して多くの場合、保護者の誰もが考えたり、実行していることがあるのではないか。

　例えば、

①憲法 26 条に守られての義務教育制度下にある我が国においては、満 6 歳になれば学校に行くと誰もが当たり前のことと捉え、それほど大袈裟に悩んだり、迷ったりすることは一般的にはないことである。しかし、発達に不安がある場合にはそれが限りなく親には重い課題となり、ストレスフルなことになる。

②インクルーシブな共生社会を目指す時代ではあるが、特別支援教育についての理解は十分ではなく、身内や友人など周囲と共有できることも少なく、孤立感

や孤独感に苛まれることになる。

③主体性・自主性が叫ばれる時代に就学相談という未経験な舞台に呼び出され、相談といいながらも、尋問され、裁断を下され、それに従わなければならないといった、屈辱感を味わされたような気持ちになる。

④2年、3年とかけて自らの納得できる答えを求め、探し歩く保護者には6歳の春までにという時限的な決断を強迫されているようで落ち着かない、ストレスフルな日々を味わうことになる。

⑤特別支援学校と普通小・中学校との柔軟な相互の転学という制度は今日的にはあるとしても、その方向性は限りなく一方向的と思ってしまう。それならばと市区町村教育委員会から示された就学先からは一つずれたところにダメ元で行かせてみようと考える。

⑥父母会や学園主催の就学支援講座などを通して、また自ら学校間や教師間の比較評価・序列評価などを集取したり、自ら同じクラスに複数回足を運び、その間のクラスや子どもの成長変化ぶりをチェックするなど、後で後悔しないためにと労を厭わず頑張る保護者もいる。

また、近年変化してきている保護者意識や行動としては、

①校舎が建て替え期に入り総じて新しい、清掃が行き届き清潔感がある、子どもの作品などの展示物が整備されているなど外見的な見栄えも一因となり、特別支援学校の印象が改善されてきている。

②選択肢がなかった時代から、受け入れ学校の多様さが確保される時代となり、保護者も我が子の適切な就学先を冷静に考え、選べるようになっている。

③特別支援学校への外部専門家導入事業で、就学前機関での支援を就学後も継続的に受けられる機会があることを好意的に捉えている。

④他人の目を気にしたり、他児との比較に一喜一憂したり、子どもの存在を肯定的に受け止めたり、就学前機関の親支援プログラムが各種充実してきているなどから自信をもって前向きに、子ども中心に考えられるようになっている。

⑤社会全体の人権意識が高まる中で、保護者の障害に対する暗いイメージや差別意識が解消されないまでも肯定的に受け止められやすくなっている。

⑥保護者自身の精神的なストレスが増大傾向にあり、就学後の医療的、福祉的、教育的対応が今まで以上に期待されている。

（３）就学前機関の視点から

多文化社会化、少子高齢化、核家族化、離婚家庭やシングル親、保護者の精神的疾患、児童虐待などに不慣れさや非寛容さなども加わって、一人一人の子どもの育ちにもトラウマチックに様々な影響を与えていることは十分に推測、想像できる。結果として、発達支援機関の守備範囲は広く、錯綜し、さらには長期的に関係者のサポーティブなエネルギーを要するものとなってきている。

例えば、就学問題は子どもだけの問題にとどまらず、彼らを取り巻く社会的、教育的、福祉的、医療保健的な総合地域支援体制の面からの一大テーマであるとも言えるだろう。つまりは就学児の社会背景が複雑化、多様化する中での育ち支援、学び支援、生活支援を一個人、一職種、一機関で完結させることは難しくなってきているということである。保護者の就学に関する権利意識も高くなる中、学校教育に対する要望も多様多岐にわたってきていることが想像される。

そのような時代背景を受けて、うめだ・あけぼの学園に関係することでは、2006年に東京都教育庁の「外部専門家導入事業」、2012年には厚生労働省の「保育所等訪問支援事業」「放課後等デイサービス」が、同時に教育関係へのアウトリーチやネットワーキングを推し進める関係所管課長の連名での事務連絡も出されている。さらに2017年には国レベルでの「家庭と教育と福祉の連携－トライアングル・プロジェクト、障害のある子と家族をもっと元気に－」を厚生労働省と文部科学省が連携して合同会議を開催している。

インクルーシブな地域共生社会の構築を標榜したうめだ・あけぼの学園では、開園以来40年以上にわたっての、①０歳からの早期支援、②家族支援、③多職種によるチームアプローチ、④地域ネットワーキングなどの挑戦的ないくつかの事業はこれまでに、地域によって多少の濃淡はあるとしても国や自治体にほぼ取り込まれ、制度化されてきている。また、本題である就学支援事業の取組もその課題の重要性や深刻性などから長年取り組んできている。なかでもとりわけ丁寧かつ強い信念をもって取り組んできた視点や課題は以下のようなことにある。

①学校間格差と教師間格差の解消
②転学の双方向性の確保
③保護者の孤立感や迷いへの共感的姿勢
④保護者自身の知る権利・自己決定・尊厳を尊重する姿勢
⑤支援者としての３つ（地域・専門性・人権）の視点確保
⑥ informed consent の徹底（説明と同意ではなく理解と納得）

⑦保護者への迎合ではなく、子どもの権利保障のための毅然とした態度

　このような就学支援に際しての明確なミッションを確認しつつ、毎年４月と９月には、週末に保護者の参加を可能とする就学支援講座を設けているが、概ね毎回100人余の参加者がある。もちろん他にも間接的に就学課題につながる周辺テーマの談話会や演習や講演会なども年間を通じ数回実施している。

　ちなみに、第１回目の４月講座は市区町村教育委員会の行う就学相談会の始まる前に行政から最新の特別支援教育制度の考え方やその動向と課題などについての大枠の理解をすることを目的にしている。また、２回目の９月講座は就学先が具体的になりつつある時期であることから、通常の学級、特別支援学級、特別支援学校にそれぞれ就学した先輩保護者を講師に、就学前後の様々な思い、決断しての思い、そして就学しての思いなど忌憚のない生の見解を聴き、さらに先輩保護者を囲んでの就学先別グループ懇談を行うというものである。

おわりに

　我が子の生き様を今生きているこの社会との生々しい関係性の中で考え、迷い、悩む最初の社会を相手にした課題が就学問題であろう。一方、これは就学という国民としての権利であり、義務でもある権限行使行為である。我々も就学課題に立ち会うことはその重みに寄り添う我々一人一人の覚悟が問われていることでもあり、逃げることのできない問いかけでもある。就学後の彼らの日々が彼らの願いに沿うものであることを願いつつ、より一層の就学前後関係者の丁寧な連携協力が求められるていると言えるだろう。

（加藤 正仁）

【参考文献】
加藤正仁・宮田広善監修（2011）『発達支援学―その理論と実践―』協同医書出版社
厚生労働省「今後の障害児支援の在り方について」報告書（2014年7月）
厚生労働省社会・援護局障害保健福祉部障害福祉課と文部科学省初等中等教育局特別支援教育課の連名の事務通知
　（2012年4月）

6　就学先決定での配慮事項

（1）合理的配慮の相談

　障害を理由とする差別の解消の推進に関する法律（平成 25 年法律第 65 号）の規定に基づき、学校の職員は適切に対応する必要がある。学校においては、障害のある児童・生徒（以下、「児童等」という）や保護者等から、社会的障壁を取り除くことを必要としている旨の意思の表明があった場合に、その実施に伴う負担が過重でないときには、障害者の権利利益を侵害することとならないよう、その障害の特性や必要性に応じて、合理的な配慮を行うことになる。

　合理的配慮は、一人一人の障害の状態や必要な支援、活動内容等に応じて決定されるものであり、本人・保護者等の意見を十分に聴取して、可能な限り合意形成を図った上で決定し、提供されるようにするものでもある。

　合理的配慮の方法は一つではない。本人・保護者等から申出のあった方法では対応が難しい場合でも、お互いが持っている情報や意見を伝え合い、建設的な対話に努めることで、目的に応じた代替手段を見つけていくことが大切である。また、合意形成後も、児童等一人一人の発達の程度、適応の状況等を勘案して、見直すことの重要性について共通理解を図っておく必要がある。

　就学先を決定する際には、就学相談を通じて、合理的配慮について合意形成を図ることが望まれる。合理的配慮は、個々の障害のある児童等の状態等に応じて提供されるものであり、多様かつ個別性が高いものであることから、その観点について以下のとおり整理されている。

【事前準備】

時間の経過による必要な支援の変化、ICFの活用
障害のある児童等については、障害の状態が多様なだけでなく、障害を併せ有する場合や、障害の状態や病状が変化する場合もあることから、時間の経過により必要な支援が異なることに留意する必要がある。また、障害の状態等に応じた「合理的配慮」を決定する上で、ICF（国際生活機能分類）を活用することが考えられる。

関係者間での共通理解
各学校の設置者及び学校が体制面、財政面をも勘案し、「均衡を失した」又は「過度の」負担について、個別に判断することとなる。その際は、合理的配慮を決定する際において、現在必要とされている合理的配慮は何か、何を優先して提供するかなどについて関係者間で共通理解を図る必要がある。

一人一人の障害の状態や教育的ニーズ等に応じた決定
障害種別に応じた合理的配慮は、全ての場合を網羅することはできないため、その代表的なものと考えられる例については、特別支援教育の在り方に関する特別委員会の示した内容※1や、国立特別支援教育総合研究所の情報提供※2を参照してほしい。ただし、ここに示されているものは、あくまで例示であり、これ以外は合理的配慮として提供する必要がないということではない。合理的配慮は、一人一人の障害の状態や教育的ニーズ等に応じて決定されるものである。また、障害種別に応じた合理的配慮を例示しているが、複数の種類の障害を併せ有する場合には、各障害種別に例示している。合理的配慮を柔軟に組み合わせることが適当である。

設置者及び学校と、本人及び保護者との合意形成
合理的配慮は、一人一人の障害の状態や教育的ニーズ等に応じて決定されるもので、全てが同じように決定されるものではない。設置者及び学校が決定するにあたっては、本人及び保護者と、個別の教育支援計画を作成する中で、合理的配慮の観点を踏まえ、合理的配慮について可能な限り合意形成を図った上で決定し、提供されることが望まれる。例えば、設置者及び学校が、学校における保護者の待機を安易に求めるなど、保護者に過度の対応を求めることは適切ではない。

※1：特別支援教育の在り方に関する特別委員会（平成24年7月23日付「共生社会の形成に向けたインクルーシブ教育システム構築のための特別支援教育の推進（報告）」別表）https://www.mext.go.jp/b_menu/shingi/chukyo/chukyo3/044/attach/1323312.htm
※2：インクルDB（インクルーシブ教育システム構築支援データベース）http://inclusive.nise.go.jp/

　合理的配慮の充実を図る上で、「基礎的環境整備」の充実は欠かせない。そのため、学校の設置者等は必要な財源を確保し、インクルーシブ教育システムの構築に向けた取組として、基礎的環境整備の充実を図っていく必要がある。その際、特別支援学校の基礎的環境整備の維持・向上を図りつつ、特別支援学校以外の学校の基礎的環境整備の向上を図ることが重要である。また、基礎的環境整備を進めるにあたっては、ユニバーサルデザイン※3の考え方も考慮しつつ進めていくことが重要となる。

※3：バリアフリーは、障害によりもたらされるバリア（障壁）に対処するとの考え方であるのに対し、ユニバーサルデザインはあらかじめ、障害の有無、年齢、性別、人種等にかかわらず多様な人々が利用しやすいよう都市や生活環境をデザインする考え方。障害者の権利に関する条約第2条（定義）において、「ユニバーサルデザイン」とは、調整又は特別な設計を必要とすることなく、最大限可能な範囲で全ての人が使用することのできる製品、環境、計画及びサービスの設計をいう。ユニバーサルデザインは、特定の障害者の集団のための支援装置が必要な場合には、これを排除するものではない、と定義されている。

　現在の財政状況に鑑みると、基礎的環境整備の充実を図るためには、共生社会の形成に向けた国民の共通理解を一層進め、社会的な機運を醸成していくことが必要であり、それにより、財政的な措置を図る観点を含めインクルーシブ教育システム構築のための施策の優先順位を上げていく必要がある。なお、基礎的環境整備については、合理的配慮と同様に体制面、財政面を勘案し、均衡を失した又は過度の負担を課さないよう留意する必要がある。また、合理的配慮は、基礎的環境整備を基に個別に決定されるものであり、それぞれの学校における基礎的環境整備の状況に

より、提供される「合理的配慮」は異なることとなる。

　就学先決定に向けた過程で、こうした基礎的環境整備を踏まえて、合理的配慮についても相談を進めておくことが重要である。多くの市区町村教育委員会に設置されている教育支援委員会においても、合理的配慮の提供の妥当性についての評価や、合理的配慮に関し、本人・保護者、設置者・学校の意見が一致しない場合の調整について助言を行う機能を拡充し、一貫した支援を目指す上で重要な役割を果たすことが期待されている。

　このため、障害のある子どもの能力を十分発達させていく上で、受入先の小・中学校には、必要な教育環境の整備が求められることになる。そのためには、あらかじめ人的配置や物的整備を計画的に行うよう努めることが必要となる。障害の状態、教育的ニーズ、学校、地域の実情等に応じて、本人・保護者に、受けられる教育や支援等についてあらかじめ説明し、十分な理解を得るようにすることが重要である。

　また、学校・家庭・地域社会における教育が十分に連携し、相互に補完しつつ、一体となって営まれることが重要であることを共通理解することも大切である。教育は、学校だけで行われるものではなく、家庭や地域社会が教育の場として十分な機能を発揮することなしに、子どもの健やかな成長はあり得ない。子どもの成長は、学校において組織的、計画的に学習しつつ、家庭や地域社会において、親子のふれあい、友達との遊び、地域の人々との交流等の様々な活動を通じて根づいていくものであり、学校・家庭・地域社会の連携とこれらにおける教育がバランスよく行われる中で豊かに育っていくものであることに留意する必要がある。

　合理的配慮は、就学後も、児童等一人一人の発達の程度、適応の状況等を勘案しながら柔軟に見直しができることを共通理解とすることが重要である。就学後も定期的に教育相談や個別の教育支援計画に基づく関係者による会議等を行う中で、必要に応じて合理的配慮を見直していくことが適当である。

　合理的配慮は、各学校において、障害のある子どもに対し、その状況に応じて、個別に提供されるものであるのに対し、通級による指導、特別支援学級、特別支援学校の設置は、子ども一人一人の学習権を保障する観点から多様な学びの場の確保のための基礎的環境整備として行われているものである。通常の学級のみならず、通級による指導、特別支援学級、特別支援学校においても、合理的配慮として、障害のある子どもが、他の子どもと平等に教育を受ける権利を享有・行使することを確保するために、学校の設置者及び学校が必要かつ適当な変更・調整を行うことが必要である。通常の学級、通級による指導、特別支援学級、特別支援学校それぞれの学びの場における合理的配慮は、前述の観点を踏まえ、個別に決定されることと

なるが、基礎的環境整備を基に提供されるため、それぞれの学びの場における基礎的環境整備の状況により、提供される合理的配慮は異なることとなる。障害のある子どもが通常の学級で学ぶことができるよう、可能な限り配慮していくことが重要である一方、子どもの実態に応じた適切な指導と必要な支援を受けられるようにするためには、本人及び保護者の理解を得ながら、必ずしも通常の学級で全ての教育を行うのではなく、通級による指導等多様な学びの場を活用した指導を柔軟に行うことも必要なことと考えられる。例えば、通常の学級に在籍している障害のある児童等が在籍する学校に支援員を配置したものの、学習上又は生活上の困難が改善されない場合には、本人の成長を促す視点から、通級による指導を行ったり、特別支援学級や特別支援学校と連携して指導を行ったりすることなども効果的と考えられる。

　これらのことから、就学相談担当者は、相談の過程で事前に本人や保護者から要望を聞き取り、学校等で提供が可能な合理的配慮の内容の確認を行うことが求められる。また、相談の過程で決定の責任のある立場の者、学校であれば校長、市区町村教育委員会であれば管理職等が同席し、合理的配慮や基礎的環境整備について明確に示すことが重要である。

　市区町村教育委員会や設置者となる自治体では、域内に居住する障害のある乳幼児の状況を把握し、とくに予算配置が必要となる基礎的環境整備や人員の配置については中長期的に計画し準備を進めることが重要である。

（2）共同及び交流学習の相談

　特別支援教育を推進していくことは、障害の有無にかかわらず、誰もが相互に人格と個性を尊重し合える共生社会の実現につながるものである。そのためには、障害のある人と障害のない人が互いに理解し合うことが不可欠であり、障害のある子どもと障害のない子どもたち、あるいは地域社会の人たちとが、ふれあい、共に活動する機会を計画的に設けることが大切である。

　障害のある子どもが幼稚園、小学校、中学校、義務教育学校、高等学校、中等教育学校（以下、「小・中学校等」という）の子どもと共に活動することは、双方の子どもの社会性や豊かな人間性を育成する上で、重要な役割を果たしており、地域や学校、子どもの実態に応じて、様々な工夫の下に進められている。

　小・中学校等及び特別支援学校が行う、障害のある子ども、あるいは地域の障害のある人とがふれあい、共に活動する交流及び共同学習は、障害のある子どもにとっても、障害のない子どもにとっても、経験を深め、社会性を養い、豊かな人間性を

　育むとともに、お互いを尊重し合う大切さを学ぶ機会となるなど、大きな意義を有するものである。

　小・中学校等や特別支援学校小学部・中学部の学習指導要領等においては、障害のある子どもと障害のない子どもが活動を共にする機会を積極的に設けるよう示されている。

小学校学習指導要領 (平成29年3月告示)
第1章　総則　第5　学校運営上の留意事項
　2　改定や地域社会との連携及び協働と学校間の連携
　　教育課程の編成及び実施に当たっては，次の事項に配慮するものとする。
　イ　他の小学校や，幼稚園，認定こども園，保育所，中学校，高等学校，特別支援学校などとの間の連携や交流を図るとともに，障害のある幼児児童生徒との交流及び共同学習の機会を設け，共に尊重し合いながら協働して生活していく態度を育むようにすること。

特別支援学校小学部・中学部学習指導要領 (平成29年4月告示)
第1章　総則　第6節　学校運営上の留意事項
　2　家庭や地域社会との連携及び協働と学校間の連携
　　教育課程の編成及び実施に当たっては，次の事項に配慮するものとする。
　(2) 他の特別支援学校や，幼稚園，認定こども園，保育所，小学校，中学校，高等学校などとの間の連携や交流を図るとともに，障害のない幼児児童生徒との交流及び共同学習の機会を設け，共に尊重し合いながら協働して生活していく態度を育むようにすること。
　　特に，小学部の児童又は中学部の生徒の経験を広げて積極的な態度を養い，社会性や豊かな人間性を育むために，学校の教育活動全体を通じて，小学校の児童又は中学校の生徒などと交流及び共同学習を計画的，組織的に行うとともに，地域の人々などと活動を共にする機会を積極的に設けること。

　交流及び共同学習の実践については、都道府県教育委員会や市町村教育委員会により様々な事例が報告されているほか、国立特別支援教育総合研究所からも情報提供[4]がなされている。

※4：インクルDB（インクルーシブ教育システム構築支援データベース）交流及び共同学習実践事例集　http://inclusive.nise.go.jp/?page_id=113

　現状では、就学先が特別支援学級の場合と特別支援学校の場合では、交流及び共同学習の取り扱いが大きく異なっている。

　特別支援学級においては、学級が設置されている学校の通常の学級と教育課程上同じ教科等で交流及び共同学習を実施することが可能であり、多くの学校で取り組まれている。就学相談においては、相談の段階で入学が想定される特別支援学級の教育課程の説明を行う際に、どのように交流及び共同学習を設定し、実施されているか事前に説明することが大切である。就学後に実施される教育課程は、前年度の

うちに編成されるので、就学後に行うと想定される共同及び交流学習の内容があれ
ば、教育課程編成に反映させる必要がある。

　特別支援学校においては、地域の小・中学校との学校間交流の中で交流及び共同
学習に取り組んでいる場合と、副次的な籍を活用して個別的に交流及び共同学習を
取り組んでいる場合とがある。東京都の事例では、副次的な籍は、「副籍」と称さ
れ、都立特別支援学校小・中学部在籍の児童・生徒が、居住地域の小・中学校に副
次的な籍をもち、直接交流※5や間接交流※6を通じて、居住地域とのつながりの維持・
継続を図る制度となっている。

※5：小・中学校の学校行事や地域行事等における交流、小・中学校の学習活動への参加等
※6：学校・学級便りの交換、作品・手紙の交換、地域情報の提供等

　この「副籍」は原則、特別支援学校に在籍する全ての児童・生徒が対象とされて
おり、就学相談の段階で市区町村教育委員会から保護者に対し、副籍制度の説明を
行うことが求められている。就学相談を経て特別支援学校への就学の意思を確認し
た後に、副籍制度を活用するかどうかの意向や交流内容についての希望を聞き取り、
市区町村教育委員会が保護者の希望を踏まえて交流先となる地域の小・中学校を指
定する。その上で、市区町村教育委員会は東京都教育委員会に対し定められた様式
により指定された小・中学校を通知するとともに、指定した小・中学校に対しても
通知を行う。この際、学齢簿に指定された小・中学校の記載も求められている。こ
うした制度を就学相談と組み合わせることで、就学した段階から在籍する特別支援
学校において、学校と保護者、学校と指定された小・中学校との早期からの交流開
始に向けて、交流及び共同学習の具体的な相談を始めることが可能となる。実際に、
この制度を導入後、東京都においては副籍制度に基づく交流の実施率が上がってい
る。

（3）継続的な教育相談

　就学後の「学びの場」は、固定したものではなく、それぞれの子どもの心身の発
達の程度、適応の状況等を勘案しながら、小中学校等から特別支援学校への転学又
は特別支援学校から小中学校等への転学といったように、双方向での転学等ができ
ることを、全ての関係者の共通理解とすることが重要である。そのために、就学後
も教育相談や個別の教育支援計画に基づく関係者による会議などを定期的に行い、
子どもの心身の発達の程度、適応の状況等を把握し、引き続き個別の教育支援計画
を見直していくことが必要である。特に、学校においては、校長、副校長、特別支

援教育コーディネーター、教育相談担当教員等からなる校内委員会などの相談支援体制を整備し、就学後の児童・生徒の学校への適応状況や障害の状態等の改善の様子等を的確に把握することが重要である。就学後の経過観察が必要な児童・生徒に対しては、本人及び保護者との信頼関係を保ちながら、継続的な教育相談をしていく必要がある。

　継続した教育相談を行う際の基本な事項としては、常に児童・生徒の障害の状態や発達の状況に応じて、最もふさわしい教育を受けることが求められること、教育の適時性が大切にされること、相談、学校見学や体験入学等を通して本人・保護者の深い理解と納得を得ること、在籍校の校長の責任において相談を行うこと、必要に応じて教育学・医学・心理学等の専門家の助言を受けること、児童・生徒の障害の状態の変化のみならず教育上必要な支援の内容や地域における教育の体制の整備の状況、その他の事情の変化といった背景を踏まえることが考えられる。

　また、教育委員会が設置する教育支援委員会は、必要な教育的支援の内容等について校長に助言したり、校内委員会と連携したフォローアップ体制を整備したりすることが重要である。そして、その結果に基づいて弾力的かつ機動的に、より適切な教育内容や方法への変更を検討することが大切である。

　市区町村教育委員会の設置する教育支援委員会等については、早期からの教育相談・支援や就学先決定時のみならず、その後の一貫した支援についても助言を行うという観点から、その機能の拡充を図る必要があり、児童・生徒の就学後の「学びの場」の変更等についての助言も、その役割に含まれることに留意する必要がある。継続的な教育相談を適切に行うため、相談担当者には、「学びの場」の柔軟な見直しに関わる事務に関する法令の理解、障害の特性と教育的対応についての理解、教育相談の技法など、専門的で幅広い知識と経験が求められる。特に、保護者との面接や行動観察においては、障害全般にわたる十分な識見と豊かな人間性に基づく総合的な判断能力が必要とされるので、市区町村教育委員会においては、専門的な知識・技能を備えた転学相談担当者の確保と資質の向上を図る必要がある。相談担当者の資質の向上を図るためには、都道府県教育委員会が行う研修会や説明会の機会等を活用するとともに、市区町村教育委員会においても、各種の研修会を開催したり、手引書等を作成・配布したりするなどの努力を積み重ねることが大切である。また、相談担当者の研修会だけでなく、保健所、幼稚園、保育所、福祉施設、療育機関、医療機関等の関係者や保護者を対象とした研修会を開催することも重要である。

（深谷　純一）

7 各障害の相談のポイント

１．視覚障害のある子どもの就学相談のポイント

（１）障害の理解と障害の状況の把握

　我々は、外界の状態を感知（認識）するために視覚、聴覚、触覚（皮膚感覚）、味覚、嗅覚といった諸感覚を活用しているが、そのうち視覚から得る情報量は全体の８割以上と言われている。「百聞は一見に如かず」という言葉もあるように、視覚障害は「情報障害」であると言うこともできる。

　視覚に障害のある子どもの見え方は、個人差が大きいが、周囲の明暗の判別が不可能な場合から、補助具の活用などにより保有視覚を活用することが十分可能な場合まで様々である。

　「見え方の困難さ」には、視力、色覚、視野、明暗、眼球運動に関することが挙げられる。また、近年では、それらの脳内処理に係る視機能障害（視覚認知障害）も含めて捉えることもある。一般的に、点字と墨字(普通文字)との境界の視力は0.02程度と言われているが、これより低くても墨字で学習する児童生徒もいれば、これより高くても視野などの状況により点字を常用する児童生徒もおり、視力以外の困難さも含めて総合的に判断する必要がある。

　医療機関（眼科）で行われる各種検査は、定められた方法や条件のもとに行われているが、就学相談では「教育的評価」として、医学的検査の原理を踏まえつつ、子どもの（特に学習環境下における）見え方の特徴を把握することが目的となる。また、視覚障害特別支援学校（盲学校）や弱視特別支援学級（通級による指導を含む）では、乳幼児や知的障害等を併せ有する場合も含め、視覚障害のある子どもにとって有効な測定方法や器具を保有している。

（２）教育上把握することが好ましい事項

　視覚障害の場合は、眼疾患ごとの傾向から、見え方をある程度推測することが可能となるため、疾患名を把握することが必須である。眼疾患によっては、目の周囲はもちろん、頭部や上半身に強い衝撃を与えないよう注意を要する場合もあり、疾患名の把握は教育的な配慮事項を推測することにもつながる。

　行動面においては、視覚障害特別支援学校（盲学校）や弱視特別支援学級（通級

による指導を含む）で作成している教育相談の案内リーフレット等において、見え方に何らかの支障があると推測される例として、以下のような事象を挙げている。したがって、これらの事象の有無や（ある場合の）程度を把握しておくとともに、その状況に応じて各種の測定や観察を行うことが望ましい。

・極端に目を近付けて、文字や絵を見ている。
・ものを見るときに、顔を傾けたり目を細めたりしている。
・文字や本を読むときに、行をとばしたり読み間違えたりすることが多い。
・画数の多い漢字や細かい目盛り、地図などを見るのが大変で疲れる。
・ものを探すときに、手探りで探している。
・体育の授業や体を動かすことに消極的である。
・ボールを使った運動や遊びのときにボールを見失うことがある。
・ものにぶつかることが多い。
・小さな段差などで、つまずいたり転んだりすることが多い。
・段差や階段を極度に嫌がったり怖がったりする。
・明るいところや暗いところで極端に見えにくそうにしている。
・遠方のものや小さくて見づらいものに興味を示さない。
・落とし物をよくする。また、落とした物を見つけられないことがある。
・黒板の文字を書き写すのに、極端に時間がかかる。

（３）行動観察の仕方

　視覚障害の場合は、子どもの実際の行動を通して（２）に挙げたような事象について観察することとともに、見え方の測定を実施することが必須である。

　視力を例に挙げると、一般的な遠距離視力（５mの視距離）だけでなく、近距離視力（30cm の視距離）や最大視認力（もっとも小さい事物を認知する能力）の測定が必要となる。その際に、乳幼児や知的障害を併せ有するなど、一般的なランドルト環での測定が困難な場合は、縞視力（TAC：Teller Acuity Card Ⅱ，LEA Grating Acuity Test など）やドットカード、単独絵視標による方法もある。

　また、読み書きに適した文字の大きさを把握することも必要である。MNREAD-J などを用いて見え方や読速度の測定を行うことで、拡大教科書や補助具の選定、使用文字を選択する際の資料となる。

　視機能評価を行う際に注意したいことがいくつかあり、その一つは「『見えた』で終わること」である。見えなかった時点でその検査や測定を終えるのではなく、一段階見やすい指標等に戻して「見えた」という経験で終えることで、検査や測定への抵抗感を和らげるとともに、児童の自己肯定感や見ようとする意欲の維持・向上につなげることが大切である。

　また、先天性の眼疾患による弱視児の多くは、初めから見え方に困難さがある状

態で育っているため、見えているか否かのみを子どもに問うた際には、晴眼者のようには明瞭に見えていない場合でも本人なりに「見えている」と答える場合がある。また、いろいろな言葉やものの名称は知っていても、その具体的な意味や内容を知識として伴っていない場合や、実体験を伴っていない場合があるほか、触察において、全体像を確認せず、一部の触れた部分のみをもって全体を把握したと誤認する場合もあるため注意を要する。

　加えて、一般的な心理検査や発達検査には、見ることを要する課題が含まれているため、課題の実施そのものが困難であったり全般的な結果解釈が困難であったりする場合があることも心得ておきたい。

（4）保護者の聞き取りの視点

　一般的に、保護者に対して聞き取る事項には、成育歴や家庭状況、相談や教育の経過、発達の状態、学習上の課題や配慮の状況などが挙げられるが、視覚障害児の場合に特筆される事項としては、以下のようなことが挙げられる。

・眼疾患に係る診断、検査、治療、手術などの経過
・通院や投薬などに係る経過や現在の状況
・身体障害者手帳の取得状況
・その他の障害の有無や障害がある場合の程度
・眼鏡の処方や補助具などに係る経過や現在の状況
・歩行、点字、触察、時間や空間の把握の状況
・障害の自己認識（障害受容・理解、援助依頼の状況）

　また、（2）に挙げたような事象について、保護者などの他者から見た状況を聞き取ることも重要である。

　ところで、視覚障害に限るものではないが、早期からの支援は、子どものスムーズな発達を促すという側面がある。特に視覚障害においては、様々な視機能が大きく発達する乳幼児期の環境・支援を整え、「見ることが楽しい」と感じ、「いろいろなものに触れてみよう」と意欲をもつことが、その後の発達に大きく役立つ。このことから、全国の8割強の盲学校には幼稚部が設置されている。

　もう一つの側面である、もっとも身近な養育者である家族への支援も踏まえ、幼稚部を設置する盲学校では、乳幼児とその保護者を対象とする乳幼児教育相談（育児教室）を実施し、乳幼児への指導や保護者への啓発、保護者同士の交流の場となる取組を行っている。

（5）合理的配慮の例

　視覚障害のある児童生徒に対する合理的配慮としては、以下に挙げる事柄が考えられる。その際、本人・保護者と設置者・学校による合意形成を図った上で提供していくことが望ましい。また、その後も発達の程度や適応の状況等を踏まえながら、柔軟に見直しができることを共通理解しておくことが重要である。

①学習内容・方法について

- ・児童生徒の見え方に合わせた文字の大きさの調節
- ・教科書、教材、図書等の拡大版及び点字版の確保
- ・板書確認をしやすくするためのタブレット機器の利用
- ・拡大読書器や書見台の設置、ルーペ、単眼鏡、音声パソコンの導入
- ・模型の説明時における手の誘導（説明部位まで）

②施設・設備について

- ・建物の入口を確認しやすくするための音声ガイドや点字ブロックの設置
- ・教室や廊下など、校内の適切な明るさの確保と調整
- ・廊下に物を置かない、段差の明確化、分かりやすい目印の設置などによる安全の確保

③コミュニケーションについて

- ・指示代名詞を使わず、「○○の右側」のように具体的な言葉で伝える。
- ・一定の範囲内にある複数の物の位置関係が分かるよう、「○○が８時の位置」など、時計の文字盤に例えて伝える。

④支援体制について

- ・個別の教育支援計画における合理的配慮の内容の明記
- ・保護者や地域に対する理解啓発（合理的配慮について）
- ・他の児童生徒に対する指導や理解啓発（合理的配慮の内容について）

　合理的配慮は、本人・保護者などから、必要な配慮に関する意思の表明がなされるところから始まる。したがって、学校は「現時点での合理的配慮の提供者」であると同時に、「将来の社会参加に向けて、意思の表明が適切にできるよう、必要な支援を選択する力や伝える力を育成する場」でもあることを忘れてはならない。

　そのためには、「自己の障害について理解した上で、周囲に説明し、援助依頼できる能力を育成すること」が基本となるが、発達途上にある場合は、教員や保護者などの周囲の大人が手本を示すとともに、実際の行動を通して困難さが緩和されたと実感できるような体験を多く積み重ねることが重要である。

（山岸 直人）

２．聴覚障害のある子どもの就学相談のポイント

（１）障害の理解と障害の状況の把握

　聴覚障害は、音が聞こえない・聞こえにくいという問題だけでなく、聴覚障害による「言語発達」や「コミュニケーションの成立」に、支援や教育が必要な障害である。近年、新生児聴覚スクリーニング検査が普及してきたため、聴覚障害が早期に発見され、補聴器の装用や親子のコミュニケーションの支援が、０歳から可能になってきた。人工内耳の手術を受ける例も増えつつある。しかしながら、補聴器や人工内耳を装用しても、聞こえにくさや聞こえ方は、健聴の人と全く同じように改善されるわけではなく、適切な指導や支援と、周囲の理解がなければ、言葉やコミュニケーション能力の発達に困難が生じる。

　聴覚障害の状況を把握するため、まずは保有する聴力の程度（聴力レベル）を確認する必要がある。聴力レベルはデシベル（dB）という単位で表され、おおむね次のような範囲と言われている。

聴力レベル	聞こえの目安
30〜50dB（軽度難聴）	1対1の会話では困らないが、教室等広くて周囲の生活音もある場所では聞き取れないことや聞き違いがある。
50〜70dB（中度難聴）	1m以上離れてしまうと音声が聞き取れない。大勢での話し合いは難しい。
70dB以上（高度難聴）	耳元での大きな声は聞こえるが、音声だけでは内容を正確に聞き取ることは困難である。
100dB以上（重度難聴）※	補聴器を付け、音を感じ取ることはできるが、耳だけで音声を聞き取ることは難しい。

※重度難聴を90dB以上とする分類や、「最重度」と表現する分類もある。

　聴力レベルが重くても、補聴器や人工内耳を使いこなし、耳を使いよく声を出して話す子どももいる。一方、聴力レベルが軽度や中等度であっても、難聴の発見や適切な支援の始まりが遅いと、言語発達に課題がある場合も少なくない。特別支援学校（聴覚障害）の対象となる障害の程度は、「両耳の聴力レベルがおおむね 60 デシベル以上のもののうち，補聴器等の使用 によって通常の話声を解することが不可能又は著しく困難な程度のもの」とされている（学校教育法施行令第 22 条の３）。

（２）教育上把握することが好ましい事項

　相談に際しては、以下の項目を押さえる必要がある。

①聴覚障害の状況

　・伝音難聴か感音難聴か、あるいは混合難聴か。左右耳の聴力レベルほどの程度か

　　・補聴器又は人工内耳はいつから装用し、装用時の聴力レベルはどの程度か

　　・聴覚に関する疾病や配慮事項はあるか

　　　（例、聴力の変動歴や今後の可能性、前庭水管拡張症等の診断など）

②コミュニケーションの手段やレベルについて

　　・主たるコミュニケーションの方法は、聴覚活用や読話でのやり取りか、身振り・
　　　手話等の手段か

　　・やり取りで使える単語の数や種類、文の長さはどの程度か

　　・発語の明瞭さ

　　・文字の読み書きの程度

③コミュニケーションの意欲や態度について

　　・コミュニケーションを積極的にとろうとするか

　　・話し手に注目するか。人に伝えようとする意欲はあるか

　　・提示されたものを注視できるか。指示されたことを理解できるか

　　・分からない場面、伝わらない場面ではどうするか

④就学後に求められる社会性等について

　　・心身の安定、身体の動き、対人関係と集団参加

　　・食事や排せつ、着替えなどの基本的生活習慣

　　◎上記に関して標準化された発達検査、語彙検査等のデータがあるとよい。

　近年、新生児聴覚スクリーニング検査が普及し、聴覚障害のある乳幼児の早期発見・早期対応が格段に進んできている。その中で、他の疾病や障害を併せ有する乳幼児の相談件数も着実に増えてきている。聴覚障害の発見が先になされ、その後の成長に伴い、他の障害があることに気づく例も少なくない。そのような場合、聴覚活用や手話を用いたコミュニケーションの発達を強く願って、聴覚障害特別支援学校等への就学を希望する保護者もいる。

　その際、「支援を最も必要とする主たる障害は何か」については、十分見極める必要がある。聴覚障害特別支援学校に就学をして、他の障害に配慮していくべきか、身体の動きや発達・認知を支える指導に重点を置いて、聴覚障害に対する支援も加味していくべきか、総合的に検討していくことが必要である。

（３）行動観察の仕方

　上記（２）の項目について、実際に対面してのやり取り、自由遊び等におけるコミュニケーションの把握、また現在所属している保育所・幼稚園等での集団活動の様子を把握し、実際のコミュニケーションの状況を把握する。その際、以下の５点に着

目して観察する。

　①目の前にある実物や写真・絵などを介してのやり取り

　②目の前に実物や写真等がない事柄に関するやり取り

　③やり取りを成立させるために必要な支援（文字や絵で書く、手話で示す等）

　④自ら発信する発声や発語、手話や指文字がどれだけ周囲に伝わるか

　⑤話し掛けの向きや距離

　　（少し離れたところや後ろからの呼び掛けに反応するかなど）

　また、人に対する親和感があるか、警戒心が強いか。分からないときに「何？」と聞き返せるか、保護者を頼りにするか、聞き流してしまうか、なども観察のポイントである。

　これらは、就学後の学校生活を円滑に始めるために必要な情報であり、どのような支援があれば、コミュニケーションが成立しやすくなるか、プラス面を探し出す気持ちで接することが肝要である。

（4）保護者の聞き取りの視点

　保護者からは、以下の項目を聞き取っていく。

①生育歴とこれまでの発達の状態

②主治医や関係支援機関の見解

③就学先に関する保護者の希望と将来像

　・聴覚障害特別支援学校（ろう学校）の教育を希望するか、小学校に就学し、「難聴学級への入級」「通級による指導（難聴）の利用」を希望するか

　・上記を考える理由は何か。小学生の間に転学の希望も視野にあるか

④具体的な通学や通級の支援と、集団参加

　・特別支援学校や難聴学級を選ぶ場合の通学方法と送迎等の支援

　・小学校を選ぶ場合の、情報保障と学習支援

　　（学校に依頼することと保護者ができること）

　・聞こえる子どもたちとの関わりの場

　　（例、副次的な籍をおく地域の小学校との交流。学童クラブ等への参加）

　保護者も初めての就学には不安が強いため、保護者自身が進学先の担任やコーディネーターとよりよくコミュニケーションをとりながら、関係をつくっていくことが大切であることを伝えていく。

（5）合理的配慮の例

①情報保障を中心にした合理的配慮

　聴覚障害特別支援学校（ろう学校）の場合は、情報保障については最大限の配慮がなされる。集団補聴システムや見える校内放送等の機器が揃い、デジタル教科書、掲示物や文字提示の環境は最も充実している。

　小学校に就学する場合は、座席の配慮（担任の口元が見やすく、周囲の様子も分かる前から2〜3列目がよいとされている）のほか、FM補聴器を使い、担任の話し声が直接本人の補聴器に届くようにする、椅子の脚にテニスボールを履かせて騒音を減らすなどの配慮がある。

　担任は、板書しながら話さない、発言者の顔が見えるようにできるだけ前やその場に立って発言するなどの配慮も大切である。テレビ放送は、最近は字幕が付く番組が増えてきたが、字幕のない番組を示すときは、あらかじめ放送内容の要約を渡すなどの配慮も必要である。

　さらに、FM補聴器を使いこなせるようになれば、発言する児童にマイクを回したり、朝会や集会等では、話し手（校長など）にもFMマイクを付けたりしてもらえるとよい。今後、音声を文字変換する機能のプログラムが、誤変換が少なくなり機能が充実してくれば、更に合理的配慮は進むものと思われる。

②心理的な合理的配慮（子どもの居場所と心の発達）

　聴覚障害のある我が子を、通常の小学校で聞こえる友達との中で育てたいという保護者も少なくない。聞こえる友達との中で学校生活を送るには、子ども自身が周囲に関わりをもとうとする積極性、聞こえない・聞こえにくい場面でも、周囲と状況から推察する力と大事なことを自分から確かめようとする力が必要である。多少の行き違いがあっても、友達と折り合いをつけ、協力して遊んでいける力があるとよい。一方、周囲と積極的に関わるタイプでない子どもであれば、聴覚障害特別支援学校や難聴学級など、聴覚障害に配慮した集団に所属することが、比較的安定した学校生活を始めることができると考えられる。

　小学校低学年のうちは、集団生活も学習内容も、比較的周囲の状況を見て推測の範囲で動くことができれば居場所は確保できるが、小学校高学年になると、子ども同士の人間関係がより深く、複雑になってくる。気の合う同士が仲間をつくる中で、その中だけで進む対話（ひそひそ話など）にはついていけなくなると、疎外感を一層感じてしまう時期を迎える。聴覚障害のある・なしにかかわらず、誰もが思春期には友人関係や自分の特性について考え、悩む時期を迎えることに留意し、聴覚障害のある子どものキャリア発達を周囲はよく考える必要がある。

（朝日　滋也）

3．肢体不自由のある子どもの就学相談のポイント

（1）障害種の理解と障害の状況の把握

　肢体不自由とは、「身体の動きに関する器官が、病気やけがで損なわれ、歩行や筆記などの日常生活動作が困難な状態」であり、医学的側面から見ると、「発生原因のいかんを問わず、四肢体幹に永続的な障害があるもの」とされている（文部科学省，2013）。四肢は、上肢（肩関節から手指の末端まで）と下肢（股間節から足指の末端まで）で、体幹は上半身のことであるが、口周りの動作に不自由がある場合もあるため、全身の障害と捉えてほしい。

　肢体不自由の起因疾患は様々で、表2－7－1にその主な疾患を挙げた。障害の状態や程度は個々によって異なるが、疾患から障害特性や配慮事項を確認することができ、面談や行動観察で詳しく確認すべき事項も見えてくる。そのため、対象の子どもの起因疾患を把握することは大切になる。

　なお、特別支援学校や特別支援学級に在籍する肢体不自由のある児童生徒の中で一番多い疾患は、脳性まひである。一方、我が国におけるポリオの発生はワクチン接種によりなくなり、先天性股関節脱臼も予防的対応と早期発見により減少している。

表2－7－1　肢体不自由の主な起因疾患

疾患の分類	主な疾患
脳疾患	脳性まひ、脳炎、外傷性後遺症　等
脊髄疾患	二分脊椎、ポリオ　等
骨・関節疾患	骨形成不全、先天性股関節脱臼　等
末梢神経・筋肉疾患	神経性筋萎縮筋、筋ジストロフィー症　等
四肢の形態に起因する疾患	先天性四肢欠損、事故や病気による四肢欠損　等

（2）教育上把握することが好ましい事項

　肢体不自由の状態によっては、日常生活における基本的な動作が不可能又は困難になる。これは、歩行、食事、衣服の着脱、排せつ等の身辺処理動作及び描画や筆記といった学習活動のための基本的な動作のことを指している。ただし、歩行には、車いすによる移動は含まない。また「不可能又は困難な程度」とは、筆記や歩行等の運動・動作が全くできないか、たとえ可能であっても同年齢の児童生徒と比較してその速さや正確さ又は継続性の点で実用性に欠け、学習活動や移動等に支障が見られる状態である。これらを踏まえて、学校生活場面を想定して、どのような場面の状況を把握するか選定しておく。そして、単に「できる・できない」といったチェッ

クだけでなく、どのように行っているのか、複数のパターンが可能なのか、補助具や機器はどのような物を使用しているのかといった状況も確認することが大切である。

さらに肢体不自由の子どもたちには、手足の不自由だけでなく、知的障害や言語障害、認知障害等を併せ有する場合がある。姿勢や運動・動作といった身体の動きに関する困難さには気づきやすい一方で、脳性まひの子どもの中には、視覚的な情報の処理の困難さがある場合もあり、認知面の困難さに気づかれにくいことがある。視覚的な情報の処理に困難さがあると、平面に描かれた立体の図が立体として捉えることが難しかったり、書字の字形が整わなかったり、また音読などの場面では文字や行の読み飛ばしなどの困難さが見られる。そのため、対象の子どもの認知発達の状況も確認することが大切である。

医療的な配慮に関する事項では、体温調節や呼吸の状況、てんかん発作、アレルギー、股関節等の脱臼の有無なども確認が必要である。二分脊椎の子どもの場合、水頭症を併発して頭部にシャントが入っていることがあり、それについても確認が必要である。さらに、水分・食物の摂取の際に支援や配慮を必要とする場合があるため、咀嚼や嚥下の状況などの摂食機能の把握も大切になる。

また、肢体不自由のある子どもの中には、いわゆる「医療的ケア」を必要とする場合がある。「医療的ケア」とは、一般に学校や在宅等で日常的に行われているたんの吸引・経管栄養・気管切開部の衛生管理等の医行為を指す。医師免許や看護師等の免許を持たない者は、医行為を反復継続する意思をもって行うことはできないが、平成24年度の制度改正により、看護師等の免許を有しない者も、医行為のうち、たんの吸引等の5つの特定行為に限り、研修を修了し都道府県知事に認定された場合には、「認定特定行為業務従事者」として、一定の条件の下で制度上実施できることとなった。そのため、特別支援学校では、一部の医療的ケアを教職員が行う場合もある。就学後に、こうした「医療的ケア」について、どのように、どの程度必要となるかを確認することも重要である。

（3）行動観察の仕方

保護者や本人から話を聞き取ったり、実際に活動の様子を観察しながら実態を把握したりする。限られた時間で聞き取りや観察を行うことが求められるため、必要な情報を確実に収集できるようにするためにも、事前に把握すべき内容や方法を決めておくことは必要不可欠である。

子どもにとって面談や観察場面は、慣れない環境で心理的にも緊張し、身体に過

度な力が入ってしまう場合もあると思われる。その子どもの年齢や発達段階にもよるが、心身がリラックスできる環境を整えながら、玩具や絵本、音楽や歌などを介在させた活動を通じて実態把握を行うこともあるだろう。その際、直接身体に触れることもある。怪我や事故を防ぐためにも、禁止されている姿勢や脱臼・アレルギー・てんかん発作の有無等を保護者に確認しておくことは大切である。また、突発的な音や強い光の刺激で、てんかん発作を起こしたり、全身に過度な筋緊張が入ってしまったりする子どももいるため、設定する活動の内容には十分留意する必要がある。

　筆記が可能な子どもの場合、子どもが書いた文字や絵などから実態を把握することもある。直接子どもの身体に触れなくても、筆圧や書かれた文字や絵などを見ながら、認知発達の状況や筋緊張の状態等を読み取ることが可能である。また、認知発達の状況を詳しく把握するために、知能検査や知覚・認知検査などの結果から行動観察の様子を分析する方法もあるかと思う。これらの検査は、言語を媒介にして行う検査であったり、上肢操作などを伴う検査方法・内容であったりするため、言語理解が十分でない子どもや上肢にまひがあって操作がうまくできない子どもの場合、正しい結果値が出ないこともある。検査の実施や検査結果の取扱いには、十分留意する必要がある。

　その他、行動観察を行う際の留意事項として、複数の教職員で関わる場合、保護者の話を聞き取る役と子どもに直接関わる役など、役割を分担しておくとよい。

　子どもの実態によっては、実態を分析する過程で子どもが見せる様子の解釈に迷うこともあるかと思う。自治体や学校の規定上問題なく、保護者の同意が得られる場合は、子どもの様子を映像で記録して、事後に映像を視聴しながら確認したり、複数の教職員で分析したりすることも有効である。

（4）保護者の聞き取りの視点

　保護者は、就学の前段階から医療や療育と関わるケースが多いと思われる。その中で我が子の障害に戸惑いや不安を感じながら、相談を受けていたりする。そして、就学にあたっては、多くの保護者が不安を抱いている。保護者の気持ちや希望に寄り添いながら保護者の話に傾聴し、安心して話をしてもらえるような雰囲気や話し方などを工夫することが大切である。

　また、子どもの情報を得たいがあまり、聞き取る内容が多岐にわたり、保護者に負担感を感じさせてしまう可能性もある。肢体不自由の子どもたちの多くは就学前から医療や療育に通っているため、医療・療育機関から情報を得ることも有効である。保護者から聞き取るべき内容と医療・療育機関などの関係機関に情報提供をお

願いする事項を整理することも大切である。

　子どもの実態によっては、言語でのコミュニケーションが難しい場合もある。微細な表情や筋緊張の変化を読み取りながらコミュケーションを図っているケースもあり、初対面の者では読み取りが難しいことがある。その場合は、保護者が日常どのように子どもとコミュニケーションをとっているか聞き取りながら、直接その場面を見させてもらうとよい。また、絵カードやICT機器などを用いている場合は、面談時に持参してもらい、実際に見せてもらうことも有効である。

（5）合理的配慮の例

　教育内容・方法については、小・中学校の通常の学級の場合、集団授業が前提であり、他の子どもよりも活動や移動などに時間がかかることや同じ活動に取り組むことが困難な場合がある。本人の身体の状態に合わせて、取り組む時間の延長や体育の授業などでは運動内容の変更などが考えられる。また、集団のペースについていくために、疲れていても無理に活動に参加していたり、車いすのまま一日過ごしたりする様子が見受けられる。身体の負担軽減や変形・拘縮の予防のためには、休息の時間とスペースの確保なども考えられる。

　支援体制については、校内移動や日常生活動作、学習動作などの補助を行うために、教職員の体制を整備することが考えられる。さらに災害時を想定して、移動の困難さを踏まえた校内支援体制の整備が考えられる。また自治体によっては、小・中学校等に在籍する場合、障害の程度によって特別支援教育支援員（名称は自治体によって異なる）などを配置している自治体もある。

　施設設備については、移動や運動・動作の困難さを想定して、手すり、スロープ、昇降機、自動ドア、多目的トイレ等の整備が検討される。また、災害時を想定して避難経路の確保、担架や非常電等の物品の準備などが考えられる。

　いずれの配慮についても、肢体不自由の障害特性上、共通するものと個別に判断が必要なものとがあることを踏まえて検討し、合意形成を図ることが大切である。

（北川 貴章）

【引用・参考文献】
安藤隆男・藤田継道 (2015)『よくわかる肢体不自由教育』ミネルヴァ書房
川間健之介・長沼俊夫 (2020)『新訂　肢体不自由児の教育』放送大学
文部科学省 (2013)「教育支援資料」（平成 25 年 10 月）

4．病弱・身体虚弱の子どもの就学相談のポイント

（1）障害の理解と障害の状況の把握

　病弱・身体虚弱の子どもは、特段、病弱特別支援学校の場合、新学期からの就学はほとんどなく、途中からの転入に関しても数日前に急に決まることがあり、在籍期間にしても1年間に及ぶ子どもは少ないので、「個別の教育支援計画」や「個別の指導計画」での中長期的な教育支援を続けていくのが難しいのが現状である。

　令和2年度、病弱特別支援学校として登録しているのは全国で74校あり、この数は毎年1～2校の増減はあるものの、大きく変化することはないようである。この数に病弱と他の障害種を合わせた併置校（オブザーバー校）を含めると、全国に病弱教育を支援している学校は約90校ある。病気の子どものためには、各県に最低1校は病弱教育を中心に進めていく学校があることが望まれるが、各県における教育環境などそれぞれの事情もあり、病弱教育に特化するのは難しいところもあるようである。児童生徒数についても、年間を通して安定した在籍数ではないが100名を超えるところはあまりなく、50名前後で推移しているところが多いようである。

　また、全国病弱虚弱教育研究連盟では2年に1度、全国の病弱特別支援学校はもちろんのこと、特別支援学級（病弱虚弱）が設置されている小・中学校に向けて病類調査を行っており、病類や病名を調査・整理している。これについても、医学の進歩による病気の種類の多様化であったり、個人情報などで機関ごとに様々な制約があるので不明な部分も多く難しいところではある。さらに、全国特別支援学校病弱教育校長会でも毎年全国の学校の実態調査をしてまとめているが、各地域の行政や医療の方向性、学校形態、地域の特性など学校ごとに課題は様々である。そのような中、どのような環境でも、学校ではそれぞれの課題を明確にして工夫しながら実践しており、子どもの疾患の割合の変化などに対応しつつ、医療の方向性を考慮しながら歩調を合わせて進んでいるところである。病気は多種に及んでおり、同じ病名であっても一人一人の症状や治療経過も様々違うので、その状況に合った対応が日々求められるところでもある。

　「教育支援資料（抄）」によると、「病弱」も「身体虚弱」も医学用語ではなく、一般的な用語である。さらに「病弱」とは心身の病気のため弱っている状態を表しており、また、「身体虚弱」は病気ではないが身体が不調な状態が続き病気にかかりやすい状態、となっている。このことからも分かるように、病弱教育の対象は上記のような「程度のもの」が対象であり、必ずしも入院していなければいけない、

ということではない。ただし、それを判断できるのが医療であり医師である。この点から、第一に医療側の判断によって病弱教育の支援が必要になってくるかどうか、ということになる。具体的には、医療での治療の過程により、子どもにとって病弱教育が必要であると判断されてから病弱特別支援学校が転入手続きを経て対応していく、ということである。これは、一時的に医療支援が必要な程度のものは病弱教育の対象ではなく、継続して医療とつながっている子どもが対象である、ということである。

このように、他の障害種と比べても一人一人の子どもの状態は、極めて幅があると言える。

（2）教育上把握することが好ましい事項

病弱・身体虚弱のある子どもは何かしらの疾病がある状態であり、そこから教育的支援がスタートしていく。一人一人の症状や治療経過も異なるため様々な配慮が必要となるが、教職員は医療スタッフではないため「どんな配慮が必要なのか」「退院の時期はいつになるのか」など分からないこともあり、また、医療側に細かく確認することも難しいのが現状である。しかし、学習支援は進めていかなければいけないため、必要最低限の情報は医療と共有することが必要になってくる。また、特別支援学校の場合、小・中学校等から転入してきた子どもの前籍校での学習進度も確認しながら進め、復学の際には子どもが困らないよう前籍校との学習進度のズレを極力なくすよう配慮しなければならない。

上記のようなことなどを考慮しながら、各方面からの情報を把握してスムーズに学習活動に入っていける準備をしていく必要がある。例えば、医療側と学校側との定期的なカンファレンスや、さらには外部機関も交えてのカンファレンスなども必要に応じて行っている。前籍校との情報共有も重要であり、病気が治癒・寛解して戻る時などに、不安感をどう減らしていくかなどを考えると定期的な情報共有は不可欠となる。いくつかの病弱特別支援学校では、復学が近くなってくると子どもが安心して前籍校に戻れるように、要望と改善策を項目ごとに聞きたいことのチェックシートなどを活用している。

以下のような表を活用しているところもある。

【安心して学校に戻ろう】（心配なこと・聞きたいこと、改善策等）

病気（服薬管理、活動制限等）について
項目 ・病気の伝え方（前籍校の先生へ、友達へ、保護者から） ・容姿に関すること（髪、顔、体） ・服薬について（管理、服薬をする場所） ・病気のことを聞かれたとき ・活動制限内容（食事、水分補給、日光、運動、清掃について） ・治療の継続、通院など
※その他の大枠として 　学習、学校生活、心配なこと、進路などに関して各項目があり、そこから移動や給食、清掃など不安な部分を確認していく

　各項目について本人に、心配なことはあるか、話し合いによる改善策はあるかなどの聞き取りを行い、不安感を解消し安心して前籍校に戻れるようにしている。また、担当医師からも学校生活において配慮することなどを聞き取り、保護者からも不安な部分を聞くなどして前籍校と確認し、復学に向けての受け入れ態勢を整えていく。

（3）行動観察の仕方

　入院している子どもに関しては、院内学級での学習以外の時間は医師や看護師、CLS（チャイルドライフスペシャリスト）など多方面から把握してもらっているため、その状況は毎日確認することができる。精神的には、病気に対しての言葉にできない不安感や恐怖、周囲に迷惑をかけているのではという罪悪感による自己肯定感の低下などがあり、日々体調面でも安定していない状態なので、医療側の情報を考慮しつつ、細心の注意を払い、その日の様子を観察していく必要がある。その上で、その日の生活・検査のスケジュール等により、学習活動などに臨機応変な対応が求められる。保護者とは病院の面会時間などに合わせて、そこでその日の様子などを伝えたり、確認したりできる。

（4）保護者の聞き取りの視点

　前述のように、病弱・身体虚弱のある子どもは、年度途中の転入がほとんどであるため、病弱特別支援学校へ転入してくる児童生徒の保護者への対応について説明する。

　病弱特別支援学校の保護者の多くは、病名が明確になり特別支援教育が必要となるまでは小・中学校の子どもの保護者であったわけである。そういう点で保護者も

特別支援教育については、急な展開のため不安感が強く、戸惑いも大きいものと思われる。特に、特別支援学校についての理解も少ないため、より丁寧な説明が必要であり、また、それまでの状況や不安感を解消するために、これからの対応について話を詰めていく必要がある。そういった点を踏まえ、話をするタイミングなども慎重にしながらも、上記のようなチェックシートを活用しながら細かく聞き取りをしていく必要がある。

（5）合理的配慮の例

　病弱特別支援学校や特別支援学級に在籍している病気の子どもは「前籍校へ戻す」ということが大事である、ということを考えると就学ではなく、復学支援に重きを置いていくことが望ましいと思われる。担当医師の了解のもと、就学時は本人・保護者共に地元の学校を希望してそこで学習環境を確保してから、病院に戻り病弱特別支援学校や特別支援学級に転入となる、というケースが多いようである。そこで、特別支援学校はもとより前籍校ともに、子どもの実態やニーズに合わせて特別な配慮などを提供していく必要がある。そのためには、関係するすべての機関と協力して子どもの実態を十分に把握して配慮事項を検討し、合意形成を図りながら進めていくことが重要になっていく。

　以上のように、病弱教育について記したが、最終的には子どもが病気の治療を経て無事に安心して前籍校に戻れることが大事である。そのためには子どものこれからについて、関係する機関との復学にむけての支援会議なども必要になる場合もある。病弱教育にとっては、これからも医療等外部機関との関わりの中で多様な取組が欠かせないものと考える。

（長岡 利保）

5．知的障害のある子どもの就学相談のポイント

（1）障害の理解と障害の状況の把握
①知的障害とは

　知的障害とは、知的機能の発達に明らかな遅れと、適応行動の困難性を伴う状態が、発達期に起こるものを言う。

（ア）「知的機能の発達に明らかな遅れ」

　知的機能とは、認知や言語などに関係する機能であるが、その発達に明らかな遅れがあるとは、精神機能のうち、情緒面とは区別される知的面に、同年齢の子どもと比較して平均的水準より明らかに有意な遅れがあることである。

（イ）「適応行動の困難性を伴う状態」

　適応行動の困難性を伴う状態とは、他人との意思の交換、日常生活や社会生活、安全、仕事、余暇利用などの適応能力が十分に育っておらず、その年齢段階に標準的に要求される程度に至っていないことである。適応行動とは「日常生活において機能するために人々が学習した、概念的、社会的及び実用的なスキルの集合体」とされている。困難性の有無を判断するには、特別な援助や配慮なしに、同じ年齢の者と同様の社会生活等に必要な行動が可能かどうかを調査することが大切になる。

（ウ）「発達期に起こる」

　知的障害の多くは、胎児期、出生時及び出生後の比較的早期に起こる。発達期の規定の仕方は一定しないが、成長期（おおむね18歳まで）とすることが一般的である。なお、知的障害は、発達期以降の外傷性頭部損傷による高次脳機能障害や老齢化などに伴う知的機能の低下とは区別され、発達期における知的機能の障害として位置付けられている。

②障害の状態の把握
（ア）知的機能に関する検査等

　知的機能の状態の把握は、標準化された個別式の知能検査や発達検査などが用いられる。検査の実施には、該当する検査の実施に習熟した検査者が担当することが重要である。例えば、検査場面での円滑な実施のために、事前に検査者と子どもが一緒に遊ぶなど、安心して検査に臨むことができるよう信頼関係を築いておくことが大切である。知能指数等は、発達期であれば変動が大きい場合がある。また、比較的低年齢段階においては、心理的・社会的・環境的な条件の影響を受けやすくなることもある。こうしたことを踏まえ、障害の程度を検察等の数値だけで判断することは避けるべきである。

（イ）適応行動の困難性に関する調査

適応行動の困難性については、概念的（言語発達、学習技能）・社会的（対人スキル、社会的行動）・実用的（日常生活習慣行動、ライフスキル、運動機能）なスキルの困難性について、観察や調査等で把握する必要がある。こうしたスキルに関する調査は、標準化された検査を用いることもあるが、調査項目を設定して、生活場面等で直接行動観察を行うことも大切である。行動観察によって適応行動の困難性を判断する場合は、同年齢の仲間と遊んだり、一緒に行動したりすることができるかどうか、その年齢段階において標準的に要求される身辺処理の能力の程度などが基準となる。

また、知的障害に併せて、視覚障害、聴覚障害、肢体不自由、病弱・身体虚弱、言語障害、自閉症・情緒障害を有している場合は、適応行動の困難性が増加することが多いので、調査結果に対する他障害の影響を十分に考慮して、検査等の結果を解釈することが大切である。

（ウ）総合的な判断

障害の状態の判断については、知能指数等の測定値だけで就学先を決定することなく、他の調査結果等を考慮して総合的に解釈する必要がある。また、学校生活上の特別な支援や配慮の必要性と関連付けることが大切であり、特別な教育的対応の必要性の内容や程度、就学先となる学校の環境等を考慮して、総合的に判断する必要がある。

（2）教育上把握することが好ましい事項

知的障害の状態を把握する際は、障害の有無、学校生活における援助や配慮の必要性について、以下の（ア）から（ウ）の項目の状態のほか、必要に応じて（エ）から（キ）などについて、検査や調査を行い、実態を把握する必要がある。

（ア）知的機能
（イ）身辺自立（日常生活習慣行動：食事、排せつ、衣服着脱、清潔行動など）
（ウ）社会生活能力（ライフスキル：買物、乗り物の利用、公共機関の利用など）
（エ）運動機能（協調運動、体育技能、持久力など）
（オ）生育歴及び家庭環境（生育歴上の特記すべきことなど）
（カ）身体的状況（てんかん、麻痺、アレルギー性疾患、その他）
（キ）学力

（3）行動観察の仕方

　次の表の項目について、学習場面や自由遊びの場面を設定して、児童生徒の様子を直接観察する。また、身辺処理に関する行動を観察するため、意図的に着替えの場面や排せつの場面を設定することも考えられる。

概念的スキルの困難性	言語発達：言語理解、言語表出能力等
	学習技能：読字、書字、計算、推論等
社会的スキルの困難性	対人スキル：友人関係等
	社会的行動：社会的ルールの理解、集団行動等
実用的スキルの困難性	日常生活習慣行動：食事、排せつ、衣服着脱、清潔行動等
	ライフスキル：買物、乗り物の利用、公共機関の利用等
	運動機能：協調運動、体育技能、持久力等

　子どもによっては、慣れない場所や慣れない大人との関係で、いつもと同じ活動ができないこともあるため注意が必要である。まず、子どもと仲良くなるように、ラポートをしっかりとってから、課題等の提示をする必要がある。

　特に、自閉症を併せ有する子どもの場合は、最初から、慣れない場所等への抵抗感を示すことがあるので注意が必要である。

（4）保護者の聞き取りの視点

　保護者からの聞き取りに当たっては、以下のような家庭での様子について聞き取ることも必要である。

①身辺処理

（ア）着替え

　・衣服の表裏や前後、靴の左右の理解

　・ボタンやホック類、靴ひも等を扱う際の指先の巧緻性、掛け違いの有無

（イ）排せつ

　・おむつ等の使用の有無

　・排尿、排便後の始末の状況

　・排便や排尿の意思の伝達方法

（ウ）食事

　・スプーンや箸の使い方

　・偏食等の有無や摂食に要する時間、食事量など

②コミュニケーション（対人関係）

（ア）言語

- ・発声や発語の状況
- ・意思伝達（要求の表現）の方法
- ・意思伝達表現（動作、サイン等）の読み取りの配慮

（イ）指示理解（反応の可否や程度、範囲等）

- ・言葉による簡単な指示や動作を伴った簡単な指示理解が可能か
- ・特定の者の指示であれば通じるか、誰の指示でも通じるか
- ・全体への指示を理解できるか、個別の対応が必要か
- ・指示理解の程度はどうか
- ・集団活動への参加の仕方、友達との関わり方など

③学習活動への興味や関心

- ・興味・関心のある事柄は何か
- ・課題への集中力、持続力はどうか
- ・身の回りの具体物の名称等の理解はどうか
- ・道具（玩具、筆記具、生活道具等）の操作性はどうか
- ・文字への興味・関心（読み・書き）や理解の程度はどうか
- ・数への興味・関心（数唱、物との対応）や理解の程度はどうか

④安全管理等に関すること

- ・自傷、他傷等の行為の有無や多動傾向等の有無
- ・危険行動（飛び出し等）の有無や危険認知の程度
- ・その他、性格・行動特性上で配慮を必要とすること

　また、乳幼児期から幼児期にかけて、子どもが専門的な教育相談・支援を受けられる医療、福祉、保健の体制の整備が進んでいる。このため、就学前に療育機関等からの支援を受けていることも多くなっている。こうした療育機関等へどのような支援を受けてきたかについても聞き取る必要がある。

（5）合理的配慮の例

　知的障害のある子どもの教育に当たっては、どのような場で教育するにしても次のような観点の配慮を検討する必要がある。

①教育内容・方法

（ア）教育内容

　学習上又は生活上の困難を改善・克服するための配慮として、できるだけ実生活

につながる技術や態度を身に付けられるようにするとともに、社会生活上の規範やルールの理解を促すための指導を行う。

学習内容の変更・調整として、知的発達の遅れにより、全般的に学習内容の習得が困難な場合があることから、理解の程度に応じた学習内容の変更・調整を行う（焦点化を図ること、基礎的・基本的な学習内容を重視すること、生活上必要な言葉等の意味を確実に理解できるようにすること等）。

（イ）教育方法

情報・コミュニケーション及び教材の配慮として、知的発達の遅れに応じた分かりやすい指示や教材・教具を提供する（文字の拡大や読み仮名の付加、話し方の工夫、文の長さの調整、具体的な用語の使用、動作化や視覚化の活用、量等の理解を促すための絵カードや文字カード、数え棒、パソコンの活用等）。

学習機会や体験の確保として、知的発達の遅れにより、実際的な生活に役立つ技術や態度の習得が困難であることから、調理実習や宿泊学習等の具体的な活動場面において、家庭においても生かすことのできる力が向上するように指導するとともに、学習活動が円滑に進むように、図や写真を活用した日課表や活動予定表等を活用し、自主的に判断し見通しをもって活動できるように指導を行う。

心理面・健康面の配慮として、知的発達の遅れ等によって、友人関係を十分には形成できないことや、年齢が高まるにつれて友人関係の維持が困難になることもあることから、学級集団の一員として所属意識がもてるように学級全体で取り組む活動を工夫するとともに、自尊感情や自己肯定感、ストレス等の状態を踏まえた適切な対応を図る。

（ウ）施設・設備

校内環境のバリアフリー化として、自主的な移動ができるよう、導線や目的の場所が視覚的に理解できるようにするなどの校内環境を整備する。

発達、障害の状態及び特性等に応じた指導ができる施設・設備の配慮として、危険性を予知できないことによる高所からの落下やけが等が見られることから、安全性を確保した校内環境を整備する。災害時等への対応に必要な施設・設備の配慮として、災害等発生後における行動の仕方が分からないことによる混乱した心理状態に対応できるように、簡潔な導線、分かりやすい設備の配置、明るさの確保等を考慮して施設・設備を整備する。

（深谷 純一）

第3章

インクルーシブ教育システム
時代の就学相談モデル

❶ 総合教育相談室の設置による特別支援教育の体制づくりと新しい就学相談
〜三鷹市の取組〜

　インクルーシブ教育システム時代の就学相談は、従来の学籍を所管する担当が行う就学相談とは大きく異なる。本稿では、市全体の学校教育の体制の中でどのように特別支援教育体制を構築したかを論じ、その結果として得られたスムーズな就学相談の流れについて解説する。主に、筆者が勤務する東京都三鷹市の例を中心に紹介する。

（1）三鷹市の教育の基本方針
①コミュニティ・スクールを基盤とした小中一貫教育

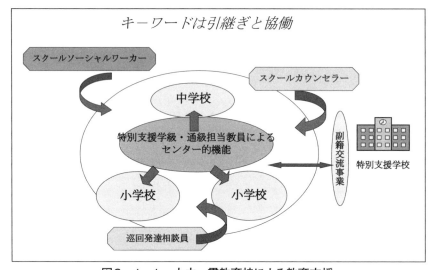

図3-1-1　小中一貫教育校による教育支援

　三鷹市では、特別支援教育を開始した平成18年、市の教育施策の大きな方針であるコミュニティ・スクール事業にも着手した。当時、人口18万人、小中学生約1万人、小学校15校、中学校7校という規模の中で、2小学校と1中学校で7学園を構成し（1学園のみ3小学校）、コミュニティ・スクールを基盤とした小中一貫教育を開始した。スクールカウンセラー（以下、「SC」という）やスクールソーシャルワーカー（以下、「SSW」という）、巡回心理士等の配置も、これらの学園を単位として、基本的には学園内小中学校を同一人物が担当している。

　教員は、学園内の小中学校の兼職であり、小学校で児童に行った個別の指導と支援については、個別の指導計画等を入れたファイルとともに、そのまま中学校へ引き継がれる。特別支援学級についても、学園内の小中連携を行っており、行事等を通じて小中間の行き来が頻繁となっている。

②児童生徒の学びの場の連続性

　図3－1－2は、三鷹市における、「教育の場の連続性」についての考え方である。

　学校教育においては、通常の学級にも、障害のある児童生徒が存在することが当然と考えた上で、まずは、①ユニバーサルデザインによる誰にでも分かりやすい授業の充実を大前提としている。その上で、②通常の学級の中で、児童生徒一人一人の特性に応じた教育を行う。いわゆる、合理的配慮に基づいた指導である。通常の学級

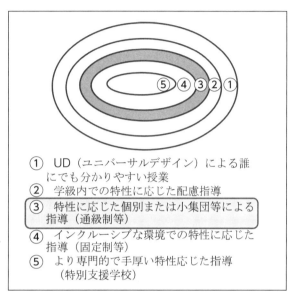

① UD（ユニバーサルデザイン）による誰にでも分かりやすい授業
② 学級内での特性に応じた配慮指導
③ 特性に応じた個別または小集団等による指導（通級制等）
④ インクルーシブな環境での特性に応じた指導（固定制等）
⑤ より専門的で手厚い特性応じた指導（特別支援学校）

図3－1－2　教育の場の連続性

における指導と支援だけではなく、特別な場での専門的な指導が必要な児童生徒には、③週のうちの数時間のみを通常の学級の授業を離れて、特性に応じた個別又は小集団等による指導を行う通級による指導がある。さらに、児童生徒の特性に応じて、④インクルーシブな環境での特性に応じた指導として、7学園中5学園に設置している小中一貫の特別支援学級がある。また、より専門的で手厚い特性に応じた指導として、三鷹市からは離れるが、近隣の市区に東京都が設置している⑤特別支援学校がある。

　これらの小中学校における教育の場は、児童生徒の個別の指導計画に基づいてつながっており、①②③④間の行き来については、各校校内委員会及び市就学相談、④⑤間の行き来については都就学相談も関連しながら決定している。

（2）個人情報守秘と情報共有に努める教育相談のチーム

①総合教育相談室の設置

　三鷹市では、平成18年に、教育委員会内に、総合教育相談室を設置した。これらは、学籍を担当する部署（学務課）が行っていた就学相談室と、教育センターの運営を

担当していた部署（総務課）が運営していた教育相談室、小中学校への指導を行う部署（指導室または指導課）が担当していた心理士等の巡回相談、スクールカウンセラー（SC）の派遣等の業務を統合した部署である。

　総合教育相談室には、通級指導の経験がある専任の市特別支援教育コーディネーターを置き、指導主事等と連携しながら、各校の特別支援教育コーディネーターや特別支援学級・通級指導教室担任等の育成のための研修機能も担わせた。

②総合教育相談室内における各種相談の連携

　総合教育相談室には、従来からの教育相談員のほか、就学相談員も配置し、コミュニティ・スクールを基盤とした小中一貫教育の中で、学園を単位として行われるスクールカウンセリングの担当者も、総合教育相談室から各学園に派遣することにした。各相談員等は、個人情報を守りながら、児童生徒の発達の視点からはチーム内での情報共有に努めるほか、各小中学校の校内委員会のスムーズな運営についての助言等も行った。

　なお、昨今、家庭への支援が必要な状況が増加し、保護者の精神疾患を含む病気等による養育困難や経済的困難のほか、虐待、不登校等に対応するため、福祉、保健、医療、司法等の領域との懸け橋となるスクールソーシャルワーカー（SSW）を総合教育相談室に配置するとともに、各学園のSCには、SSWの機能も担わせることとした。

　当初、相談員同士は、発達的な観点であっても、来談者の個人情報をチーム内で共有することに対して抵抗があったようだ。しかし、インクルーシブ教育の中での合理的配慮の考え方等を中心に議論を重ねる中で、現在は、総合教育相談室内での情報共有がスムーズである。

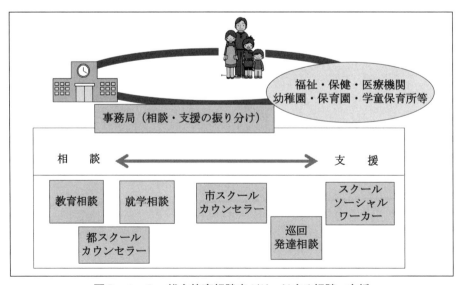

図3－1－3　総合教育相談室がリードする相談・支援

③各校校内委員会及び関係機関とのつながり

上記②のチームが的確に機能することにより、各学園 SC（SSW 兼職）と総合教育相談室内 SSW の連携が活発になった。また、総合教育相談室事務局は、学校管理職との密な連携を取ることにより、保護者の同意を得ながら、各教育相談、就学相談、SSW 等が的確に連携支援を行うことをサポートした。必要に応じて、就学前療育施設や、子ども家庭支援センター、障がい者支援、ひとり親支援等の自治体内他部署や、医療機関、児童相談所、都立保健所、警察少年課による相談等へのつなぎも行っている。

例えば、教育相談に訪れたケースで就学相談が必要な場合には、保護者の同意の上、各校の校内委員会での相談につないだり、虐待支援が必要な家族が相談に訪れた場合には、SSW が介入して在籍校及び関係機関とつないだりすることなどを、日常的に行えるようになった。

（3）通常の学級からの特別支援教育

①校内委員会の充実

就学相談をはじめとした、児童生徒への相談がスムーズに展開するには、児童生徒が所属する小中学校校内委員会との連携のもとでの相談推進が不可欠である。

そのために、学校においては、管理職の指導のもとに、特別支援教育コーディネーターを中心とした校内委員会が的確に開催されながら、相談が行われていくことが不可欠である。総合教育相談室では、特に事務局が中心となって、各校の研修を行いいつつ、各校校内委員会の適切な運営への助言を行った。

②巡回発達相談の活用

平成 8 年度、文部省の委託事業であった学習障害等の巡回発達相談を、市の事業として継続しており、大学教員及び各資格のスーパーバイザー等、高度な専門性のある心理士等が、各小中学校を年数回から 10 回程度巡回し、校内委員会へのアドバイスを行っている。三鷹市では本制度を活用して、校内委員会の充実を図ったとも言える。

③的確な通級相談

（1）②でも述べたように、個別の指導と支援が必要と考えられる児童生徒には、通常の学級におけるユニバーサルデザインによる分かりやすい授業と、合理的配慮による指導と支援を行っていく。それらを行った上で、通常の学級から離れた場で特別な指導を受ける必要があると校内委員会が決定した児童生徒のみ、通級相談に進んでいく。

教育相談等を通じて通級指導の必要性が示唆された児童生徒についても、保護者の同意のもとに必ず小中学校にケースを戻し、下記の手順で相談を行っていく。

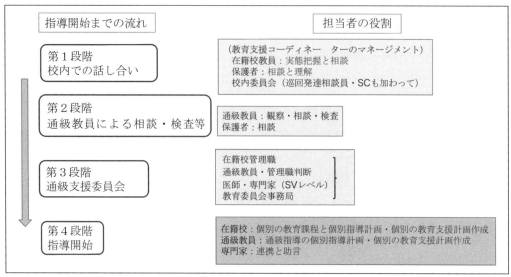

図３−１−４　通常の学級における発見・指導・支援から通級指導の開始まで（三鷹市）

　通級相談は、図３−１−４の手順により行っていく。最終的には教育委員会主催の通級支援委員会で決定する。その際に必要な書類は下記のとおりである。

（a）校内委員会との十分な話し合いによる保護者の希望（入級願い）

（b）通級または巡回指導についての在籍校所見

（c）通級または巡回指導についての通級設置校又は巡回拠点校所見

（d）在籍学級による学習・生活のチェックシート

（e）発達検査結果

　通級支援委員会は、就学支援委員会（教育支援委員会）の中の特別支援委員会として位置付けており、通級設置校及び巡回拠点校校長、児童生徒の在籍校長、通級担当教員の他、医師と心理等学識経験者が参加している。

（４）就学相談の実際

①早期からの就学相談・支援

　就学前の療育を行う子ども発達支援センターと教育委員会の連携により、就学相談の説明会は、４歳児いわゆる年中段階の秋から行っている。

　小学校入学時の学校・学級を決定することは、保護者にとって、非常に重要な決断であるが、就学準備を考えると、できるだけ就学時健康診断が行われる秋頃までに、保護者や幼児が就学先をイメージできるようにすることが望ましい。そのため

にも、早期からの余裕をもった相談が、幼児及び保護者の生活を安定させる。

　また、就学前に幼稚園や保育所等で受けていた支援を就学後の学校教育に引き継ぐために、「就学支援シート」※等の作成を推奨している。令和元年度には、通常の学級に就学した児童の 10％が提出している。

※東京都の各市区町村では、保護者の希望により、特別支援を必要とする幼児を中心に、家庭や幼稚園・保育所等、就学前機関におけるそれまでの様子や支援について、「就学支援シート」を作成し、小学校や特別支援学校小学部に引き継いでいる。本章「4．就学前機関と就学先の一貫した支援を目指した就学相談」の項を参照。

②就学支援委員会（教育支援委員会）

　小中学校への就学及び通常の学級・特別支援学級・特別支援学校間の転学相談について、審議を行っている。年間 10 回程度開催され、メンバーは、心理等の学識経験者、医師、小中学校長代表、教員（特別支援学級・通常の学級・都立特別支援学校）、就学前療育施設代表等である。

　審議に際しては、当日の行動観察結果だけでなく、これまでの就学相談員との相談経過（在籍園・校での行動観察を含む）の検討が重要である。審議は一日であるが、相談員とは 1 年以上もかけて相談を行っているので、その経過に委員が耳を傾ける必要がある。児童生徒の将来を見通しながら、望ましい指導や支援の在り方についても言及していく委員会となっている。

③就学相談担当者

　就学相談の担当者は、幼稚園等の年中段階の後半から、揺れ動く保護者の心情に寄り添いながら、丁寧に所属園等での行動観察を行い、希望する所属先への見学や体験に付き合っていく。担当者として望ましいのは、特別支援教育の専門家であるが、特別支援教育の直接的な経験者ではなくても、各障害の症状や支援方法に精通しており、特別支援学校の教育課程と通常の学級の教育課程や特別支援学級における特別な教育課程の理解と説明ができることが必須のため、研修を行っている。

　将来を見通したり、現在の生活を安定させて保護者が安心して相談に臨んだりできるようにするために、三鷹市の就学相談員は SSW 機能についても研修を通して身に付けるようにしている。地域のリソースの説明や就労や義務教育修了後を見通して保護者が考えることができるよう、寄り添っている。

④特別支援教育との様式の共有

　就学相談では児童生徒の観察に基づき、様々な資料を作成するが、できるだけ学校で行っている特別支援教育で使われる様式を共有している。

　各学校で作成している児童生徒の実態把握表、個別の指導計画、個別の教育支援計画の様式を就学相談にも転用することにより、各校内委員会からの連続性を意識するとともに、最低限の資料作成にとどめることができている。

なお、特別支援学校を選択する場合の相談では、児童生徒が居住する地域との交流について確認している。防災訓練等の際に、地域から特別支援学校へ通っている友人のケアを行っている学園もあり、地域全体にインクルーシブ教育が浸透しつつある。

　就学相談だけを切り取って論じる時代ではなくなっている。地域全体でどのような教育を行っていくのかを考える中で、障害の有無に関係なく指導と支援が必要な子どもに対するケアを当たり前に配慮していく時代が来ている。一人ひとりの特性に応じたニーズを考える時代になっている。

(田中 容子)

2　他機関と連携した就学支援体制の構築（就学相談チーム）
～障害のある幼児をチームで支援する深谷市の取組～

　深谷市は、埼玉県の北西部に位置し、自然豊かな環境に恵まれた人口約14万人の都市である。肥沃な土壌が広がり、「深谷ねぎ」に代表されるように、野菜をはじめとする農畜産物の生産が盛んで「関東の台所」としての役割を果たしている。また、本市は「近代日本経済の父」と呼ばれる渋沢栄一翁の生誕の地であり、栄一翁の考えや功績を身近に感じられる環境にある。

　深谷市の学校教育については、郷土の偉人・栄一翁が生涯を通じて大切にした「立志の精神」と「忠恕のこころ」をもとにした「立志と忠恕の深谷教育　～ふるさとを愛し、夢をもち志高く生きる～」を教育の理念とし、その実現に向けて様々な施策を推進している。その施策の一つ「多様なニーズに応じた特別支援教育の推進」については、深谷市立教育研究所を核として、学校や関係機関との緊密な連携により、保護者の特別支援教育への理解を深めるとともに、「障害のある幼児の就学支援」についても注力している。

　幼児の就学については、「早期からの相談・支援」が重要であるため、本市では、行政・学校・地域などの関係機関が連携し、一つのチームとして就学支援を行っている。以下、本市の取組について紹介する。

【深谷市立教育研究所構成員】
- 指導主事2名
- 学校福祉相談員3名（公認心理師や特別支援教育士などの有資格者）
- 発達支援アドバイザー2名（特別支援教育の専門的な知見をもつ元教員）
- 専門員4名（退職校長等）

（1）保健センターとの連携 ～就学を迎える子どもをもつ保護者の集い～

開催時期：毎年7月

関係機関：教育研究所・保健センター

対　　象：保健センターが定期健診等で支援している障害のある子ども（年長・年中）の保護者

内　　容：①1年間の就学の流れの説明
　　　　　②通常の学級・特別支援学級・特別支援学校のちがいについて

③就学先決定の在り方について
④特別支援学級と特別支援学校に就学した保護者の体験談
⑤教育研究所職員との個別相談会

①就学を迎える子どもをもつ保護者の集い（実際の資料）

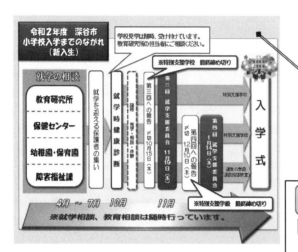

研究所が集いに参加した保護者に就学時健康診断や就学支援委員会の日程などを伝えることで、保護者は入学までの1年間の見通しを持つことができる。加えて教育研究所の取組の紹介も行っている。

保護者は、通常の学級・特別支援学級・特別支援学校の違いについて、十分に理解できていない場合がある。研究所がそれぞれの特徴について詳細に説明している。

通常の学級・特別支援学級・特別支援学校のちがい

通常の学級

1クラスの人数・・・1年生　最大35名
○国語・算数・図工・音楽・体育・生活など各教科の年間の授業時数が決められている。学習指導要領で定められている教科を確実に学ぶことができる。
○集団での人間関係の形成を図ることができる。
●人数が多いため一人一人に目が行き届かないことがある。

特別支援学級

1クラスの人数・・・最大8名　多学年で構成される
○一人一人に合わせた指導を受けるため、時間割は一人一人作成される。そのため、本人の理解度や発達段階に応じた授業内容で行われる。
○特別支援学級の学習形態である「自立活動」や「生活単元学習」では、生活や自立のためのスキルを身に付けるための学びができる。
○教科によっては交流及び共同学習で通常の学級で一緒に学習することもできる。（音楽や体育など、保護者や本人、学校との話し合いで決められる。）
●生活や自立に向けた学習が行われるため、教科の学習が少なくなる。

特別支援学校

1クラスの人数・・・最大6名　担任1人＋1　2名配置がほとんど
○日常生活における行動「挨拶」「食事」「衣類の着替え」「意思の伝達」「体の使い方」などについて【自立を図ること】を目的とした学習が中心となる。
○特別支援学校免許を持った教員が専門的に自立のための指導・支援を行う。
●自立に向けた学習の時間がさらに多くなるため、教科学習がさらに少ない。

どのように就学先を選べばよいか？

（1）文部科学省が述べていること

○就学先決定に向けての総合的判断は、
①障害の状態や程度
②教育上必要な支援の内容
③社会に出るときに必要になる判断力や考え方
④コミュニケーション手段を得ることができるか

　　　　　　ということが重視されることが大切である。（令和2年）

（2）埼玉県教育委員会が述べていること

①わかる・できるが保証されているか。
②主体的に学べるか。
③その子らしくいられるか。
④生きる力を伸ばせるか。を考えて判断することが大切である。（平成30年）

研究所が就学先の選択について丁寧に説明し、特別支援学校及び特別支援学級の見学も積極的に勧めている。

②参加した保護者の感想

・学校（学級）を選ぶ締切日の日程を知ることができました。どのように決めていけばよいか悩んでいたので、目安になるものをくださり感謝です。
・就学に関しての知識が不足していたので、知ることができてよかったです。
・今後の予定や学校の選び方を聞けて、すごく参考になりました。

〈参加者からの実際の感想〉

　例年 30 名前後の障害のある子どもの保護者が参加している。参加した保護者からは、見通しがもてたことや就学先選択について知れたなどの声があり、確実に就学を迎える保護者の安心感や適切な就学先の選択につながっている。

（2）保育課・保健センターとの連携 〜幼稚園・保育園巡回相談〜

開催時期：毎年 5 〜 9 月
関係機関：教育研究所・保育課・保健センター
実 施 園：市内公立幼稚園 9 園・私立幼稚園 1 園・公立保育園 4 園
　　　　　私立保育園 32 園・認定こども園 2 園

【教育研究所の役割】
・幼児一人一人実態を把握し、幼児が必要とする支援の内容と方法を明らかにする。
・園長や担任等、幼児の支援を実施する者の相談を受け助言する。

【保育課の役割】
・対象の園に対して巡回相談実施のための説明会を開催する。
・巡回相談を希望する園と教育研究所との日程調整をする。

【保健センターの役割】
・園での生活の実態把握と保護者に就学についての情報を提供する。

　毎年、教育研究所・保育課・保健センターが連携し、深谷市内の園児の実態把握及び支援の検討を行うため、巡回相談を行っている。実施においては、観察・協議の基準や巡回相談資料を作成し、園での支援者に園児への対応について助言するとともに、各関係機関が保護者に対して適切な就学の情報を提供している。

①巡回相談における観察・協議の基準

観察時間	1クラス15分〜45分
観察場面	場面選定のポイント ・子どもの様子が観察しやすい場面 　（先生の相談ニーズに応じて場面を選定してください。どこにいるのかが分かれば、机上学習場面以外でもかまいません。） ・作品などの提示物を見ることができる 　（机上・ロッカー・掲示物・絵・作品など、協議の際にお持ちいただく形でもかまいません。）
協議時間	1名10分〜20分程度 （先生方の相談ニーズに、より的確に対応するため、先生方とのやり取りをできるだけ多くとりたいと考えています。）

> 観察・協議の基準や巡回相談資料により適切な実態把握ができ、具体的な助言につながっている。巡回相談は希望制であるが、市内のほぼ全ての園から要請がある。

②巡回相談資料（巡回相談実施後）

　巡回相談実施後には、下記の巡回相談資料を園から保育課に提出してもらい、巡回相談で話し合われた支援の方針が巡回相談後、実際の支援につながるようにしている。

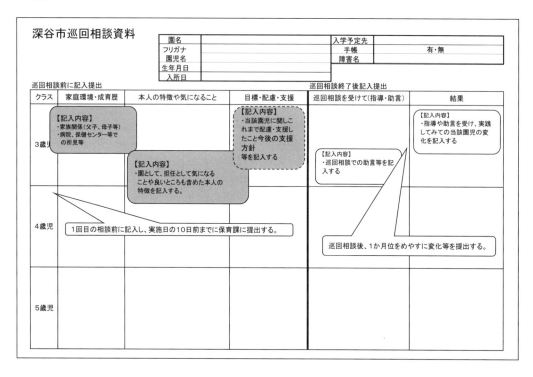

（３）小学校との連携 ～「就学時健康診断から就学まで」のシステムの構築～

開催時期：毎年10月

関係機関：教育研究所・小学校19校

【これまでの就学時健康診断（知能検査）の課題】
・知能検査の実施方法について学校間で差がある。（指示・支援の仕方等）
・当日の検査結果や行動観察だけでは、障害のある子の実態を十分に把握できないことがある。
・就学時健康診断後、学校からの保護者への連絡により、保護者を不安にさせてしまうことがある。
・学校での就学相談がうまくいかず、適切な就学につながらないことがある。

　上記の課題を改善するために、就学時健康診断から就学までのシステムを構築し、特別な教育的支援を必要とする可能性のある子どもの早期発見・早期対応や適切な就学につなげている。

◇実施マニュアルの作成

　令和２年度は、『就学時健康診断実施マニュアル』を作成し就学時健康診断の目的、知能検査の実施方法、行動観察のポイント、保護者への連絡の仕方、就学相談の留意点、市の就学支援委員会（教育委員会）への報告方法について詳しく記載した。各小学校は、このマニュアルを基に就学時健康診断を実施している。各学校がマニュアルに添って行うことで、特別な教育的支援を必要とする可能性のある子どもを確実に把握し、適切な就学につなげている。

（４）関係各課との連携
～教育・福祉連携推進会議、ファーストステップ連携会議（実務者会議）～

開 催 時 期 ：毎年７月・２月

関 係 機 関 ：教育研究所・障害福祉課・保健センター・こども青少年課
　　　　　　　生活福祉課・保育課・福祉政策課・園長、小・中学校長

本年度の内容：『障害のある子どもの学びの場の整備・連携強化』
　　　　　　　～新入学児童の就学支援について～

　本市では、平成22年度から毎年２回『教育・福祉連携推進会議』を開催し、会議で協議したことについて、「ファーストステップ連携会議（実務者会議）」において課題解決の取組を推進している。本会議は教育・福祉連携プラットフォームの構

築のため、深谷市学校教育グランドデザインに位置付けられており、教育機関と福祉機関が連携しながら情報を共有し、貧困家庭や障害のある子どもの支援についての施策を推進している。

①サポート手帳を活用し、就学後の支援につなげる

園から小学校への接続を滑らかにし、一貫した支援を行えるようにするため、埼玉県はサポート手帳を発行しているが、この活用方法や配付方法については課題があった。協議の結果、障害者手帳の取得者や重度の障害のある子どもの保護者には積極的に配付し、小学校への就学後の支援につなげていくことを確認することができた。今後は、配付した家庭の支援について関係各課で情報共有していく。

「サポート手帳とは」・・・
　サポート手帳は、乳幼児期から成人期まで、一貫した支援を受けるため、また、様々な生活場面で障害の特性を適切に理解してもらうためのもの。主として、発達障害のある方やその家族へのよりよい支援を目指して作成されたもの。

②未就園児と重度の障害のある幼児の把握

未就園児と重度の障害があり公立小学校に入学予定の幼児については、関係各課が情報を共有し、小学校への適切な就学や就学後の支援につなげられるようにすることを確認した。今後も、連携のための会議を継続していく。

（5）チームで支援する深谷市の取組の実際

【A児（年長）～肢体不自由児のケース～】
　保護者は、小学校への就学にあたり、特別支援学校への就学か特別支援学級への就学かでずっと迷っていた。今回紹介した本市の「チームでの就学支援」により、学校・保護者・関係機関が連携し合意形成を図り、特別支援学級への就学が決定した。現在、肢体不自由学級で学び、よりよい学校生活が送れていることを保護者は心から喜んでいる。

◇就学までの流れ

○７月の『就学を迎える子どもをもつ保護者の集い』で個別相談を実施し、教育研究所の担当者が保護者の思いを聞く。

○巡回相談で保育園を訪問し、本人の実態を把握するとともに、支援方法について協議する。

○保護者は指導主事と一緒に特別支援学校と特別支援学級を見学する。

○保護者と教育研究所が学校と連携して就学時健康診断参加のための計画を立て、

　当初は難しいと思われていた健診に参加することができる。

○教育研究所の担当者が就学相談で保護者の思いを聞く。

○ファーストステップ連携会議で共通理解を図り、サポート手帳を配付する。

○市の就学支援委員会で協議され、その後、特別支援学級に就学先が決まる。

○就学先決定後は入学する小学校、園、保護者、機関支援センター、教育委員会で
　ケース会議を開き、「必要な支援、学校の施設、教室の環境」などの確認を行い、
　本人や保護者が安心して学校生活が送れる環境を整えた。

○入学式を迎えるにあたっても事前に会場の下見、入学式の流れの確認を行い、無
　事入学式を迎えることができた。

　深谷市において、特別な教育的支援を必要とする子どもたちは増加しており、今
後もその傾向は続くと予想される。特に小学校入学時の移行期の就学支援は極めて
重要であり、幼稚園や保育園から小学校への滑らかな接続が求められる。そのため
に、深谷市では幼児の就学について、他機関と連携した就学支援体制の構築（就学
相談チーム）をより一層進め、「早期からの相談・支援」をさらに充実させ、多様なニー
ズに応じた特別支援教育を推進していく。

（栗原　秀人）

3 早期からの連携支援と相談体制の構築
～岡谷市の取組～

　就学相談に携わっていると、何ともやるせない気持ちになる事例の子どもたちとの出会いもある。本稿では、長野県岡谷市における早期からの連携支援と相談体制の構築に向けた取組を紹介する。

　A君は小学5年生で、学習の定着に困難さがみられた。知的障害の可能性について学級担任からの相談を受け、授業参観をすることにした。教室には、黒板に向かって一番右の列の後ろから2番目の席で、先生の話に聞き入るA君がいた。周囲の友達が板書をノートに写し取り始めたが、A君の手が動く気配はいっこうにない。

　参観後、授業の様子とA君が書いた掲示物をもとにして担任の先生にLDの可能性を話し、LDI-R（LD判断のための検査）を提案した。結果は、知的障害よりも学習障害の可能性が高いと分かり、結果を補完するためにWISC（知能検査）も行うこととした。

　その後、本人との面談でA君は右斜めからの情報の方が有効であると判明し、教室の座席を変更してもらった。そして、根本的な課題解決のため、A君はLD等通級指導教室を利用することになった。

　しかし、5年生後半からの支援には、卒業までの期間による効果の限界があった。当時、中学校のLD等通級指導教室が開設されておらず、A君は中学入学後に不適応を起こし、残念ながら不登校となった。

小学校内の LD 等通級指導教室

　LDの特性発見は就学後でないと難しいのだが、もしA君の何らかの発達特性が乳・幼児期の頃から気付かれて周囲の連携支援と相談支援を受けていれば、A君のその後の成長はもっと違っていたのではないだろうかという思いがある。

（1）合言葉は「のりしろ連携」～行政内の支援体制構築～

　近年、行政内の課や部署を統合する市区町村が見られる。特別な支援が必要な子どもに対応するために、幼少期から就学期までの関係する課を、例えば「子ども課」といった大きな括りにして支援にあたることのできるシステムの組織化である。

　しかし、多くの市区町村では、まだ課ごとによる従来の分担型で対応しているの

が実情ではないだろうか。この場合、一人の子どもを乳幼児期から卒業後まで一貫して支援していくためにも、課と課の風通しよい連携が必要である。

　本市の市役所2階の教育総務課には、子どもや保護者を支援する子ども総合相談センター（以下、「センター」という）がある。センターは、同じフロアにある幼児期からの支援を担当する子ども課や家庭支援を担当する社会福祉課と介護福祉課、乳幼児健診を扱う1階の健康推進課などを取りまとめる、文字通りセンター的機能も担っている。しかし、基本は各課が自主的に連絡・連携を取り合う体制であり、これを「のりしろ連携」と呼んで大切にしている。

　センター職員の所属は、教育総務課や子ども課である。事務担当や子ども教育支援相談員で構成され、相談員によっては教育支援主事、自立支援員、育成支援コーディネーター、専門家庭児童相談員も兼ねている。また、合理的配慮協力員を兼ねた専門カウンセラーやスクールカウンセラー、スクールソーシャルワーカー、中学校の心の教室相談員なども、市費雇用によってセンターの一員を担い、「のりしろ連携」を具現している。

　主な業務は、学校や家庭生活への相談支援、不登校の子への自立に向けた長期欠席支援、発達や障害の相談と学びの場への就学支援、特別支援学級の充実やインクルーシブ教育システムの構築に向けた特別支援教育支援などである。乳幼児期から高校卒業18歳到達までを原則に、様々なニーズに応えている。

　殊に就学支援では、他課との連携が欠かせない。健康推進課では、自閉症スペクトラム（ASD）の早期状態把握のために1歳6か月検診や2歳児子育て支援の「にこにこ教室」でM-CHAT（乳幼児期自閉症チェックリスト）を使用しており、支援内容は子ども課に引き継がれている。子ども課では保護者の子育てに多くの支援者が関われるよう、「わたしの成長・発達手帳（県版）」の利用と情報共有を勧めている。入園後は、障害児保育検討委員が観察保育を継続実施しており、検討委員会へはセンター長が参加している。

　センターでは就学相談を年長段階で行ってきたが、初めて入学を迎える保護者の不安や、就学の決断を迫られる苦痛・苦渋の大きさは、計り知れない。

　そこで、早期からの連携支援をよりよいものに構築していくために、2014（平成26）年から年中段階に引き下げた。こうした就学相談の流れは、他課からの情報が生きる相談に結びつき、1年半程をかけてじっくりと取り組むことによって保護者の納得した合意形成につながっている。

合意形成に向けた丁寧な相談

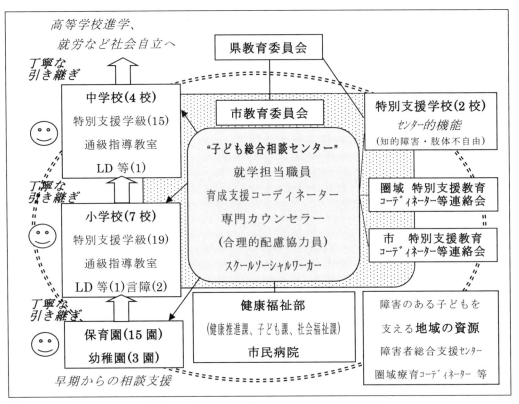

岡谷市における就学相談支援の概念図（2021年）

　乳幼児期から多くの支援者に見守られ、我が子を理解し支えてくれているという実感と、先の見通しを相談員と共にもてるという安心感こそが、障害を抱える我が子の養育への不安を和らげてくれるのである。

　就学相談は、こうした安心感の上に成り立つものにしたいと考える。

（2）子支援・親支援 〜早期から継続へ〜

　早期からの丁寧な支援を実現するためには、その子の乳幼児期から関わりをもつ保健・医療・福祉・教育などによる障害のある子を支える地域資源の連携が欠かせない。地域資源の多さは、保護者の相談の選択肢を広げることになる。

　Bさんは、合併症・重複障害を抱える特別支援学校小学部のお子さんである。県立病院での0歳時診断から、8つの診療科受診と療育訓練も受けてきた。

　市の乳幼児健診の中で知的障害への支援の場が提案されて、通園訓練施設を利用する。その後、「地域の保育園より知的障害児中心の支援の場を」との保護者の願いに寄り添い、知的障害児のための圏域療育支援施設へ通園を始めた。

　この施設に通園する市内幼児の就学相談は、センターが関わっている。年中最初

の相談では、保護者は知的障害特別支援学校を希望していた。しかし、次の相談で難聴の訴えがあり、ドクターから聴覚障害特別支援学校の可能性も示唆されて、自己流の手話を教え始めていた。また、視力も落ちてきたため手術の可能性もあり、就学の選択幅が聴覚障害や視覚障害にも広がったのである。

相談窓口（市）：子ども総合相談センター・センター分室（教育相談室）相談、家庭児童相談、健康・発育・発達相談（訪問）、障害児相談、子育て支援アプリ（市委託運営）

子育て支援館（市）：0～3歳児の保護者の交流、子育ての不安や悩みの相談

子ども発達支援センター（市）：発達が心配な乳幼児や保育園児の遊びや関わり体験、個別訓練、療育相談、健康診断

幼児向けの楽しい訓練活動

ことばの教室（市・上記センター内）：言語障害幼児への訓練、親子のことば遊び、相談

子育て支援センター（市・4保育園）：幼児を子育て中の親子交流、育児相談

地域子育てサポーター（市・各区）：乳幼児親子のふれあいの集い

ファミリー・サポート・センター（市・社協）：預かりや送迎等の子育て援助

キッズケアルーム（市・病院）：病児・病後児保育や6年生までの一時預かり

児童発達支援センター（圏域・民間）：知的障害児を主対象とした療育訓練

障害者総合支援センター（圏域・県）：サポートマネージャー等の面接や訪問

発達障害デイケア（圏域・県）：発達障害者へのSSTや生活実習などのケア

精神科医師の健康相談（圏域・県）：思春期相談、こころの健康相談

障害者就業・生活支援センター（圏域・県）：学校卒業後の就労支援

その他（圏域）：児童相談所、病院、民間の支援施設・放課後デイ　など

障害のある子どもを支える行政や地域の資源

　センターでは検討会を持ち、Bさんに関わった方々と行政内関係課に依頼し、地域資源と連携した相談体制の構築による就学支援を進めることにした。

○**医療**：県立病院のドクターによる予後への知見や今後の成長発達を見越した就学への専門的な見解、医療ソーシャルワーカーによる家庭支援からの助言。特別支援学校併設病院の療育コーディネーターの参観による今後必要な支援内容への見解、就学に向けた助言。

○**教育**：知的障害・聴覚障害・視覚障害特別支援学校の教育相談担当の参観による専門的な見識、学校の参観体験への協力、就学への助言。

○**行政**：社会福祉課・社会福祉協議会・教育総務課による放課後居場所事業に関わる確認、教育総務課・学校による副学籍制度に関わる確認。

　年長4月から就学相談を重ね、特別支援学校3校の参観体験を相談員と親子で行って理解を深める中、今後の聴覚や視覚の心配は少ないことが判明した。また、

関係者によるケース会議や支援会議を何回も開き、Bさんには知的障害特別支援学校への就学を提案することが適切であると、考えが一致した。

聴覚障害特別支援学校の就学も迷っていた保護者だったが、参観体験での教育相談担当からの障害特性にふさわしい環境の話や、受診時のドクターからの今後の成長に向けたアドバイスにより気持ちが変化した。最終の就学相談では、相談員から家庭事情に配慮して入学後に市の障害児学童クラブを利用しやすいことや入学後も聴覚障害養護学校の支援教育部利用の可能性もあることを丁寧に説明し、知的障害特別支援学校への就学を親子そろって納得したのである。

こうして4月、Bさんは本来入学する小学校との綿密な打ち合わせを経て副学籍（岡谷市における副次的な籍）による入学式にも参加し、特別支援学校に入学して充実した学校生活を送り、小学部卒業を迎えることができた。

実は、保護者も難病を抱えており、大学病院での受診や手術を繰り返している。それだけに養育への不安も大きく、相談員が親支援の役割も担ってきた。Bさんは相談支援事業所の放課後等デイサービスも利用しており、社会福祉協議会の担当がモニタリング会議を開いている。この会議には社会福祉課の担当のほか、特別支援学校の学級担任、市の障害児学童クラブの担当、相談事業所の担当が参加しているが、保護者のたっての希望で相談員も参加し始め、現在も調整役を務めている。子育てから家庭生活相談まで、相談員は正に伴走者なのである。

（3）適切な学びの場への合意形成 ～転学への連携支援～

インクルーシブ教育システムの構築が進み、保護者にもその大切さの理解が広がっている。ただ、就学の場への考え方や選択の幅が広がった反面、小学校か特別支援学校か、特別支援学校もどの校種かといった迷いも増えている。

そのため就学相談では、適切な学びの場の判断や、保護者が将来の見通しを持てるよう成長の可能性も加味した"道のり未来マップ"のような提示も重要である。学びの場は固定ではなく、成長・発達によって柔軟に変わるものと考える。したがって、早期開始の就学相談による障害特性を適切につかんだ助言、就学後も障害特性の変化による必要な学びの場の助言、二次障害回避を視野にした将来の進路への助言など、継続した相談体制の構築が不可欠である。

例えば、C君は保育園の年中から就学相談を始めたが、酸素吸入のための移動式ボンベが必要なお子さんであった。そのため両親は、C君の障害特性から入学先を知的障害特別支援学校か肢体不自由特別支援学校かで迷われてきた。

そこで、二つの学校の教育相談担当とも連携し、まず歩行自立課題を優先し、将

来の自立を考えると成長の様子を見て知的障害特別支援学校へ転学することを提案した。保護者は、両校の参観と体験を経て肢体不自由特別支援学校入学が必要と実感されて合意形成に至り、現在は予定どおり転学を果たしている。

D君の場合は、相談員が年中時からASD特性の類似点や知的理解の困難さを助言してきた。保護者は他の幼児との違いを感じながらも小学校入学を希望していたが、年長の初めにASD診断が出たことで就学先を迷い始めたのである。

D君のように、ASDのお子さんの中にはこだわり特性が影響して知的理解に偏った傾向が見られることがある。そこで、知的障害特別支援学校と小学校の知的障害特別支援学級を提案したが、特別支援学級の体験でのD君のストレス状態を目の当たりにし、特別支援学校入学を選択されたのである。

特別支援学校での手厚い支援によりD君は成長を見せ、特別支援学校からの小学校転学提案を受け、入学後の継続相談の中で検討を行い、まず小学校の通常の学級や特別支援学級での体験を開始した。体験には特別支援学校職員が同行して小学校職員と支援連携を行った。その結果、転校が実現し、知的障害特別支援学級に入級してD君は更に成長し、現在は地元中学校へ進学している。

二つの事例では、特別支援学校との密接な連携がポイントと考えられる。特別支援学校には地域のためのセンター的機能の役割があり、支援内容への専門的な指摘や特別支援学校入学に向けた具体的な助言をもらえるので、経験の浅い相談員には特に勧めたい連携である。また、特別支援学校がつながっている他機関との仲介もしてもらえるので、相談体制の構築にも有効と考えている。

医学の進歩や障害児者への理解促進により、殊に発達障害のある子どもの就学相談が増えている。一方、保護者が障害を受容できないため療育につながらない子どもや、グレーゾーンの子どもへの保護者の関わりといった課題もある。発達障害といっても一人一人に特性の違いがあり、就学相談では現在の障害状態や発達の最近接領域のより確かな捉えと、就学への適切な助言が求められる。

しかし、相談員にも経験の違いや力量の限界もあり、その意味でも関係者との関係構築と連携相談体制の確立は不可欠である。また、保護者との連携も欠くことができないので、"子育て支援ファイル（全ての乳幼児・児童・生徒用）"や"わたしの成長・発達手帳や個別支援手帳（障害乳児〜成人用）"といった、「つなぎ手帳」の利用がさらに広がってほしいと切に願っている。

子どもたち一人一人に早期からの伴走者として連携支援をしていくことが、インクルーシブ教育システム時代の就学・転学相談として重要であると考える。

（丸山　和夫）

4 交流及び共同学習を推進する就学相談
～東京都の取組～

　東京都教育委員会では、平成27年度入学生から、原則として都立特別支援学校の小・中学部に在籍する全ての児童・生徒が副籍を置くことを示している。さらに、地域指定校は、就学相談の過程で、市区町村教育委員会が調整し、決定することとしている。

（1）副籍制度とは
　都教育委員会は、平成16年11月に策定した「東京都特別支援教育推進計画」の基本理念に、「発達障害を含む障害のある幼児・児童・生徒の一人一人の能力を最大限に伸長するため、乳幼児期から学校卒業後までのライフステージを見通した多様な教育を展開し、社会的自立を図ることのできる力や地域の一員として生きていける力を培い、共生社会の実現に寄与する。」ことを掲げた。

　この基本理念の具現化に向けた施策の一つが「副籍制度」である。本制度の実施にあたり都教育委員会では副籍制度について「特別支援学校小・中学部に在籍する児童・生徒が、居住する地域の市区町村立小・中学校に副次的な籍（以下、「副籍」という）をもち、直接交流（小・中学校の学校行事や地域行事等における交流、小・中学校の学習活動への参加等）や間接交流（学校・学級だよりの交換等）を通じて、居住する地域とのつながりの維持・継続を図る制度である」とした。

（2）交流の形態及び実施内容
　副籍制度に基づく交流形態には、「直接交流」と「間接交流」がある。交流の形態の選択は保護者の意思を尊重して行う。

　それぞれの交流形態における具体的な内容は、当該児童・生徒の実態や保護者の希望、地域指定校の状況等を踏まえ、都立特別支援学校と地域指定校が十分に協議し、調整して決定する。

①直接交流
　都立特別支援学校の児童・生徒が、地域指定校で行われる行事や授業等に参加する交流形態である。

　具体的な内容として、(a) 地域指定校の学校行事への参加、(b) 地域指定校の授業への参加、(c) 地域指定校の地域行事への参加などがある。

　なお、直接交流の際の児童・生徒の付き添いは、原則として保護者の責任において行う。

②間接交流

　学校だよりや学級だより、手紙やビデオレター等の交換などを通じて交流を行う形態である。交換の手段としては、郵便を利用する方法や、双方の児童・生徒がそれぞれの学校や自宅を訪ねて手渡すなどの方法がある。

　なお、学校だよりや学級だより等の交換は、直接交流を行う場合にも実施することができる。

（3）副籍制度に関する基本的事項

①対象となる児童・生徒

　対象となる児童・生徒は、都立特別支援学校の小学部、中学部に在籍する児童・生徒である。児童福祉施設や療育センター等に入所している児童・生徒については、児童・生徒の障害の状態等を考慮し、都立特別支援学校入学後に、在籍校の校長が、当該の施設長や保護者と協議の上、副籍制度の利用について決定する。また、病気治療等のために入院し、都立特別支援学校に転学をして分教室での教育や病院訪問による教育を受けている児童・生徒については、退院もしくは健康が回復した際には前籍校に転学することを前提としているため、副籍制度の対象とはならない。

②地域指定校

　地域指定校は、副籍制度の趣旨を踏まえ、原則として自宅に最も近い小学校又は中学校（通学区域を定めている場合は、通学区域内の小学校又は中学校）とし、就学相談の過程で、市区町村教育委員会が調整・決定する。ただし、特別な事情があり、児童・生徒やその保護者が上記以外の小学校又は中学校を地域指定校に希望する場合には、市区町村教育委員会は、保護者が希望する小学校又は中学校の校長と相談の上、地域指定校を決定する。なお、その際、市区町村教育委員会は、副籍制度の趣旨を踏まえた上で保護者の意向を十分に聞き取り、適切な対応に努める必要がある。年度途中に、市区町村立小学校又は中学校から都立特別支援学校に転学した児童・生徒については、転学相談時もしくは転学後に保護者の意向を十分に聞き取った後、地域指定校を調整・決定する。

③学齢簿への記載

　各市区町村教育委員会は、都立特別支援学校の小学部、もしくは中学部への就学が決まった児童・生徒の地域指定校名を「学齢簿」に記載する。管理システム等の事情により、学齢簿への記載が難しい場合には、当該の市区町村教育委員会の判断

により、他の公簿への記載に代えることができる。

※「副籍制度」は、都立特別支援学校と居住する地域の市区町村立小学校又は中学校の両方に二重に学籍を置くという制度ではなく、学籍はあくまでも所属する都立特別支援学校に置くものである。

④指導要録への記載

都立特別支援学校は、児童・生徒の指導要録（様式２）の「総合所見及び指導上参考となる諸事項」欄に地域指定校を記載する。

⑤交流活動の実施にあたって

都立特別支援学校は、交流活動に対する保護者の意向を十分に聞き取り、「個別の教育支援計画」等を活用するなどして、計画・実施・評価（記録）をする。

また、交流活動中の事故等は、独立行政法人日本スポーツ振興センターの災害共済給付等の適用となる。ただし、物損等の補償は定めがないため、都立特別支援学校の校長は、直接的な交流を希望する児童・生徒の保護者には、損害賠償保険等の加入を勧めておく。

⑥直接的な交流を実施する場合の基本的事項

直接的な交流は、地域指定校の施設設備で対応可能な範囲の内容で計画・実施する。地域指定校の学習に参加する日は、都立特別支援学校の出席日として取り扱い、地域指定校の了解がある場合には、課外活動に参加することもできる。

⑦直接交流の付添いについて

直接交流を行う際の付添いは、原則として保護者が行うものとする。ただし、保護者の責任において、ボランティア等が付き添いうことも可能とする。その際、保護者は、事前にその旨を在籍校及び地域指定校に知らせ、了解を得ておく。

（４）副籍制度導入の当時の背景

①国の動向

国は、平成14年12月に閣議決定した「障害者基本計画」において、我が国が目指すべき社会の姿として、「障害の有無にかかわらず、国民誰もが相互に人格と個性を尊重し支え合う共生社会」について示した。

これに基づき、平成16年6月に改正された「障害者基本法」では、教育について、「障害のある児童及び生徒と障害のない児童及び生徒との交流及び共同学習を積極的に進めることによって、その相互理解を促進しなければならない」（同法第14条第3項）ことが示された（平成23年8月改正では、同法第16条第3項）。

②都の動向

都教育委員会は、昭和63年度より「心身障害児理解教育推進事業」（平成13年

度からは「心身障害児理解教育の充実事業」に改称）を実施し、都立盲・ろう・養
護学校と近隣の幼稚園、小・中学校、高等学校との交流を積極的に進めてきた。

　本事業はこれまで、各都立盲・ろう・養護学校と近隣の小・中学校等との交流（学
校間交流）を主体に、障害のある幼児・児童・生徒の理解推進に大きな成果を挙げて
きた。

　その一方で、スクールバスや公共交通機関等を利用して通学する児童・生徒にとっ
ては居住する地域とは離れた学校との交流となってしまい、「学齢期において地域
との関係が希薄になりがちである」との指摘があった。

　そのため、都教育委員会は、平成16年9月に「居住地の小・中学校における個
別の交流教育ガイドライン（試案）」を示し、都立盲・ろう・養護学校の小・中学
部に在籍する児童・生徒が、障害の状態に応じて居住する地域の市区町村小・中学
校において、交流活動を実施し、経験の拡大や社会性の育成を図る「居住地校交流」
を実施してきた。

（5）副籍制度導入までの経緯

①副籍モデル事業の実施

　都教育委員会は、「東京都特別支援教育推進計画第一次実施計画」に基づき、平
成16年度から平成18年度までの3年計画で「副籍モデル事業」を実施し、同制度
の本格導入に向けた試行・検証を行った。

②副籍ガイドラインの作成

　都教育委員会は、「副籍モデル事業」における成果や課題等を踏まえ、平成18年
3月に「副籍の円滑な実施に向けて（ガイドライン試案）」を作成し、その中で副
籍制度の基本的な考え方、実施にあたっての標準的な内容・手続き等を示し、各市
区町村教育委員会に意見を求めた。

　その後、都教育委員会は平成19年3月に、「特別支援教育推進のためのガイドラ
イン『東京都の特別支援教育』～特別支援教育体制・副籍モデル事業等報告書～」
において、「副籍ガイドラインを示し、平成19年4月、全都において副籍制度を本
格的に導入した。

③副籍制度の目指すもの

（ア）共生地域の実現

　共生地域とは、「障害のある人と障害のない人が交流を通じて相互理解を図り、
互いに支え合いながら共に暮らす地域社会」のことである。これは、我が国が目指
す共生社会の理念を更に具体化した概念であり、都教育委員会が独自に用いる用語

である。

　都教育委員会では、これからの副籍制度が、真に障害がある子どもと障害のない子どもをつなぎ、真に支え合って生きる地域社会の形成に向けた方策の一つとして更に充実・発展することを願い、副籍制度の目指すものを「共生地域の実現」としている。

（イ）共生地域の担い手の育成

　共生地域を実現するためには、その担い手となる人材の育成が重要である。そして、将来の共生地域を担う人材こそ、地域の小学校や中学校、都立特別支援学校で学ぶ子どもたちであり、副籍制度に基づく交流活動は、子ども一人一人の「心」を育てる教育の場であり、それは単に障害のある人への理解に留まらず、「社会には様々な立場や考えの違う人がいて当たり前である」という人間同士の相互理解（人権教育）や、思いやりの気持ちを大切にする人格の形成にもつながるものと考えている。

（6）共生地域の実現に向けて

①市区町村を基盤とした副籍制度の推進

　都立特別支援学校に在籍する児童・生徒も「地域の子ども」である。その点で、共生地域の実現やその担い手の育成に向けては、今後、市区町村が果たす役割が一層重要になる。こうしたことから、これからの副籍制度は、市区町村を基盤として推進・充実を図っていく必要がある。

　具体的には、市区町村における就学（転学）相談の過程で、副籍制度に関する保護者の意向を十分に聞き取り、責任をもって地域指定校を決定することや、学校間で交流活動の内容や方法に「差」が生じないよう、域内の小・中学校への理解推進及び交流活動の充実に向けた指導・助言を行うことなどが役割になる。

②都立特別支援学校に在籍する全ての児童・生徒が利用

　都教育委員会では、共生地域の実現に向けて、都立特別支援学校に在籍する全ての児童・生徒が地域の小・中学校に副籍をもつことを原則として、副籍制度の推進・充実を図っている。

　これにより、「都立特別支援学校に在籍する児童・生徒も地域の子どもである」という理念を、関係者間で共有できるようになると考えている。ただし、具体的な交流活動の実施にあたっては、本人や保護者の意向を十分に聞き取り、適切に対応する必要がある。

（7）共生地域の担い手の育成に向けて

①児童・生徒の交流活動を支える人々に期待される役割

　小学校や中学校、都立特別支援学校の子どもたちを未来の共生地域の担い手として育てていくためには、子どもたちに関わる全ての大人が、それぞれに期待される役割を自覚し、その役割を果たすことに努める必要がある。

　それは、校長、副校長や学級担任等の学校関係者だけでなく、都立特別支援学校や小・中学校の保護者、地域の人々など、子どもたちに関わる全ての関係者に求められるものである。都教育委員会や市区町村教育委員会は、共生地域の担い手の育成に向けて広く理解促進を図っていく必要がある。

②実情に応じた交流活動の工夫

　共生地域の担い手の育成に向けて、子ども一人一人の「心が育つ」交流活動を行うためには、交流を「無理なく続ける」ことが大切である。

　副籍制度を利用した交流は、最長で9年間の継続実施が可能である。長期的な展望をもって交流内容・方法の充実に取り組む必要があり、交流を長く継続させていくためには、児童・生徒はもとより、都立特別支援学校や小・中学校の教員、保護者等に過剰な負担が掛からない方法で内容の充実を図る工夫を行うことが求められる。

（濱辺 清）

【引用・参考文献】
東京都教育委員会「東京都における副籍制度の充実に向けて～検討委員会中間まとめ～」（平成25年3月）
東京都教育委員会「副籍ガイドブック」（平成26年3月）

就学前機関と就学先の一貫した支援を目指した就学相談 〜葛飾区の取組〜

（1）葛飾区の現況

①葛飾区の特別支援教育

　葛飾区立学校の児童・生徒・園児数は、令和2年5月1日現在で、小学校（49校）20,630人、中学校（24校）8,621人、幼稚園（3園）82人となっている。知的障害特別支援学級は小学校8校、中学校7校に設置しており、小学校では211人、中学校では126人が同学級に在籍している。自閉症・情緒障害特別支援学級は小・中学校に1校ずつ設置し、小学校では5人、中学生では6人が在籍している。その他、区内の医療機関に病弱・身体虚弱特別支援学級を設置しているほか、千葉県安房郡内には病弱や肥満、喘息等を対象とした区立特別支援学校である保田しおさい学校（小学校）もある。

　通級による自立活動を行う特別支援教室※は全小・中学校に設置しており、拠点校に在籍する巡回指導教員が各巡回校の特別支援教室に赴いて指導を行っている。他にも、小・中学校ともに1校ずつ、弱視、難聴、言語（小学校のみ）の通級指導学級を設置している。

　また、葛飾区内には、東京都立の葛飾ろう学校（幼稚部、小学部、中学部）、葛飾盲学校（幼稚部、小学部、中学部、高等部）、水元小合学園（肢体不自由教育部門・小学部、中学部、高等部、就業技術科）、水元特別支援学校（知的障害・小学部、中学部）、葛飾特別支援学校（知的障害・高等部）もあり、様々な状態の幼児・児童・生徒に対応できるよう、特別支援教育体制が整っている地域である。

※特別支援教室：東京都は、これまで、通常の学級に在籍する発達障害のある児童・生徒（自閉症、情緒障害、学習障害、注意欠陥多動性障害）を対象とする通級による指導を「情緒障害等通級指導学級（東京都における名称）」を中心に実施してきた。この通級指導学級では、対象の児童・生徒の多くが、在籍校を離れて他校に設置された通級指導学級に通い指導を受けていた。
　特別支援教室は、こうした課題に対応するため、小・中学校等の各学校に「特別支援教室」を設置し、通常の学級に在籍する発達障害等のある児童・生徒に対して、発達障害教育を担当する教員が、各学校を巡回して指導することにより、これまで通級指導学級で行ってきた特別の指導を、児童・生徒がその在籍校で受けられるようにする都独自の制度である。これは、制度上は、国の通級による指導に位置付けられるものであり、対象者及び指導内容はこれまでの通級指導学級と同様である。（参照：「特別支援教室の運営ガイドライン」東京都教育委員会）

②就学前機関等からの情報の必要性

　児童・生徒がもっている力を最大限発揮できるようなよりよい教育環境を検討する場である就学相談では、保護者をはじめ、幼稚園や保育園、療育機関、医療機関や相談機関等からもたらされる児童・生徒の情報を有効に活用することが何よりも

重要である。特に、特別支援教育を実施するにあたっては、まず児童・生徒一人一人の実態を的確に把握することが全ての基礎となる。個々の特性や課題に合わせた指導や支援を実施することで、児童・生徒の持つ力を高めていくことができる。児童・生徒を取り巻く状況を把握し、課題の本質や背景から個々の特性を理解していくためには、まずは児童・生徒に関する多くの情報を一つに集める必要があると考え、葛飾区では、次の（2）に示すように、その手法について検討を進めていった。

（2）連携情報シート（就学支援シート等）導入の経過

①就学前機関の連携

　葛飾区では、平成18年度に福祉部の障害主管課が中心となって、「地域療育システム検討会」を設置、平成19年度には、幼稚園や保育園、療育機関や保健所、子育て支援部の主管課、教育委員会や学校を交えて、各機関の情報連携の手法確立に向けて取り組んできた。その目的は、①幼稚園や保育園、療育機関等が連携をして療育にあたること、②幼稚園や保育園、療育機関等が共有した情報を保護者が学校に提出することで、就学前の情報を引き継いでいくことの2点であった。学校への引き継ぎ内容は、「私の紹介」と「各関係機関における連携情報（就学支援シート：葛飾区では「アイリスシート」と命名。以下、「幼児期版」という）」とし、発達相談等で保護者が訪れた機関が幼児期版を作成する。作成した幼児期版原本は保護者が保管し、写しを幼稚園や保育園、療育機関等の支援機関に提出してもらう。就学相談との関係では、幼児期版はあくまでも保護者が各関係機関に伝えるものであり、保護者の同意のもと就学相談に活用している。

②「アイリスシート学齢期版支援シート」の作成

　幼児期版は平成20年度に就学前機関で本格実施を始め、平成21年度からは、就学時に保護者が幼児期版を小学校に提出することで、情報の引き継ぎを開始した。

　次に、就学後の支援の継続や、中学校及び高校等への継続的な支援を目的に、「アイリスシート学齢期版支援シート（以下、「学齢期版」という）」のモデル事業を、小学校3校、中学校1校で開始した。学齢期版は、幼児期版をベースに、学校記入用のシートを加えて構成した。学校における学齢期版の活用方法については、各連携情報シートの内容を個別の教育支援計画や個別指導計画等の作成に生かすほか、学校生活上の配慮事項を定める、支援会議の資料として用いる等の例を示した。

　モデル事業実施の結果、学校からは「個別の教育支援計画を作成するための導入として活用できる」「引き継ぎたいことを保護者と共有できる」「学校以外での児童・生徒の様子が分かる」「保護者と将来の話ができる」等の評価を受けた。保護者か

らは「学校とじっくり話をする機会を持つことができた」「言葉では伝えにくい情報が、資料として手元にあることがよい」「保護者が主体となって使用するものという視点がよい」等の評価を得た。同時に、「進路選択の材料にされるのではないか（転学を勧められるのではないか）」「学齢期版の原本は保護者保管だが、コピーは学校にあるため、個人情報を適切に管理してくれるのか」等の不安や疑問の声も寄せられた。保護者の不安を解消するため、小・中学校における学齢期版の活用内容、校内での管理方法等をよく説明した。

③学齢期版の本格実施

平成23年度から学齢期版の本格実施を始めた。就学後は学齢期版の作成を推奨するため、保護者や学校への全体的な周知に加え、発達検査を実施した保護者に対して個別に案内も行った。小学校から中学校への進学、あるいは特別支援学校へ進学する際の活用及び区立学校への転学や中学部から高等部への引き継ぎ等にも効果が期待された。平成24年度には保護者に協力してもらい、学齢期版の活用状況についてアンケートを実施した。主な結果を紹介すると、「学齢期版をきっかけに学校や関係機関と話し合いの場をもつことができた」「学齢期版を作成してよかった」と答えた保護者は約半数であった。自由記述では、学齢期版を作成することで、「関係機関に子どものことを伝えやすくなった」「子どものことが客観的に分かるようになった」等の意見があった。一方、「学校とスムーズに連携できたかどうか」の問に対しては、半数近くが「どちらでもない」と回答した。また、「学校に周知がされておらず、活用されていると思えない」「作成にとても手間がかかる」「記入方法や活用方法が分からない」等の意見もあり、まだ多くの課題も抱えている状況が分かった。

④様々な課題について

これらの課題解決のため、教育委員会主催の特別支援教育コーディネーター研修等において学齢期版の活用をテーマとして取り上げ、学校の教員への周知徹底を図った。その他の特別支援教育関連の研修においても、積極的に学齢期版の活用促進について説明を行った。学齢期版作成時の手間については、各校の特別支援教育コーディネーターを中心に、作成を簡易的にできないか検討を進めた。

保護者に対しては、就学時健康診断や入学説明会の際に、幼児期版や学齢期版について周知を行った。さらに、教育委員会から教員経験者等を学校に派遣し、個別に記入方法や活用方法についての理解啓発を推進していった。

（３）就学相談における幼児期版・学齢期版の活用

①就学相談の現況

　葛飾区では、総合教育センターに就学相談専門員（教員経験者）、心理専門員を配置し、就学相談を実施している。具体的には、保護者との面談、複数の専門家による児童・生徒の行動観察や学校の見学、体験等を通して、児童・生徒が持っている力を最大限発揮できるようなよりよい教育環境について検討を行っている。

　直近５年間の就学相談受付状況は表３－５－１のとおりである。

表３－５－１　就学相談受付状況

年度	平成28年度	平成29年度	平成30年度	令和元年度	令和2年度※
件数	339	351	356	416	238

※令和2年度は9月30日時点

②就学相談と幼児期版・学齢期版

　就学相談における幼児期版・学齢期版の取扱いであるが、あくまでも保護者の希望があった場合のみ、就学相談資料として活用している。就学相談では、児童・生徒一人一人の特性を把握した上で、よりよい教育環境を総合的に判断するため、的確に情報を収集しなければならない。必要な情報は多岐にわたるが、主に児童・生徒の日常生活動作に加えて、集団参加や対人関係、指示理解や安全管理等の状態を把握する必要があり、これらの情報は幼児期版・学齢期版を活用している。また、療育機関等で作成した個別の指導計画でも、当該児童・生徒に対する具体的な支援内容を確認することができるため、併せて就学相談資料としている。

　その他、就学後すぐに児童の指導や支援に生かすことができるよう、「学校別就学支援引き継ぎ会」において幼児期版が役立っている。具体的には、家庭や幼稚園・保育園、その他支援機関での様子や取組、配慮事項、発達検査の結果等の情報を、保護者と小学校が共有するための一つのツールとして活用されているところである。

（４）さらなる継続支援を目指して

①円滑な引き継ぎや連携

　学齢期版を活用して、円滑かつ充実した引き継ぎや連携をするためには、(a) 児童・生徒の実態の捉え方、(b) 具体性のある支援・指導内容、(c) 引き継ぎと連携の関係性の３点が重要である。

　まず、児童・生徒の実態の捉え方については、例えば衝動性が感じられる児童・

生徒がいたとしても、学習に向かえる児童・生徒もいれば、授業中に離席してしまう児童・生徒もいる。このような違いは、当該児童・生徒の特性に加えて、置かれている状況（家庭、教育等）が一人一人異なるからこそ発生するのであり、児童・生徒を取り巻く状況によって、個々の課題は違うということを十分に理解しておく必要がある。児童・生徒の実態の捉え方がずれてしまうと、効果的な指導や支援にはつながらない。学齢期版を作成するにあたっては、児童・生徒がどのような状況にあるのか、どのような場面で指導・支援が効果的だったのか等、各場面での様子を学校が正確に記録にしておくことが重要である。

次に、具体性のある支援・指導内容については、学校では幼児期版や学齢期版の内容を生かしながら、個別の教育支援計画や個別指導計画を作成していくことになるが、これらの計画はただ課題や問題を明確にすればよいというものではない。児童・生徒の将来を見据え、どのような力をつけていくべきかを考えていくための材料になるものである。そのため、計画の実施状況については、PDCAサイクル等による見直しを行いながら、都度内容を充実させていく必要があり、学齢期版についても学期に一回程度の振り返りを行うことが望ましい。

最後に、引き継ぎと連携の関係性については、特別支援教育において、個人の実態把握に加えて、個人を取り巻く状況を捉えることの大切さは前述した通りである。縦のつながりである引き継ぎと、横のつながりである連携が深まることで、児童・生徒や保護者に安心感が生まれる。学齢期版を作成する、また活用していく場面においては、この縦と横の視野をもって取り組むことが重要である。

②これからの学齢期版

葛飾区では、平成28年度に区内全小学校、平成30年度には区内全中学校に特別支援教室を配置した。特別支援教室入室者に対しては、個別の教育支援計画及び個別指導計画を作成することになっており、これら計画の作成にあたっては、幼児期版・学齢期版の内容が大いに生かされるところである。葛飾区では、今後も制度の周知を図り、学齢期のみならず学校卒業後も支援が引き継がれるよう連携情報をつないでいきたいと考えている。

また、本書で紹介される他自治体等での取組事例も参考にしながら、今後の就学相談における学齢期版の活用内容をさらに充実させていきたい。

（芝 沙奈恵）

資料　「アイリスシート学齢期版支援ノート」（葛飾区）

葛飾区　連携ファイル(サポートブック)

「アイリスシート学齢期版支援シート」を作ります

アイリスシート学齢期版支援シートとは？

　継続した支援が必要なお子さまは、就学後もいろいろな機関で支援を受けている場合があります。

　アイリスシート学齢期版支援シートは、葛飾区内で、充実した学校生活を送るために用いる連携シートです。ご家庭と学校、療育・医療・福祉機関等での支援内容をお互いに共有し、一貫とした支援をするために作成します。

　アイリスシート学齢期版支援シートは、連携ファイルに入れて、ご家庭が保管することになります。

　学校・医療機関等との相談のときはご活用ください。

葛飾区総合教育センター
特別支援教育係

交付番号 教育委員会指導室

【学校記入用アイリスシート】

記入日　　令和　　年　　月　　日

児童・生徒氏名　　　　　　　　　　　　

学校名　　　　　　　　　　　　

学校電話番号　　　　　　　　　　　　

記入者氏名　　　　　　　　　　　　

1　成長、発達に関すること(学校が保護者と確認の上、記入してください)

学習等の様子 ・聞く ・話す ・読む ・書く ・計算する ・推論する ・運動（粗大・微細）	
日常生活に 関すること ・身支度、排泄 ・食事 ・片付け（時間の管理、 　　　　物の管理）	見　本
社会性・対人関係 ・集　団　参　加 ・コミュニケーション ・情緒（自信・意欲） ・対人関係 ・注意・集中	

2　所見および報告、結果

在籍校教員、特別支援学級教員 （コーディネーター・スクールカウンセラー等）	巡回指導教員	その他（専門家チーム・巡回指導員等）

備考（質問事項などがありましたらご記入ください）

資料（療育機関記入用アイリスシート①）

【療育機関記入用アイリスシート】

交付番号 教育委員会指導室

記入日　令和　　年　　月　　日

児童・生徒氏名　＿＿＿＿＿＿＿＿＿＿

記入機関名　＿＿＿＿＿＿＿＿＿＿＿＿

記入機関電話番号　＿＿＿＿＿＿＿＿＿

記入者氏名　＿＿＿＿＿＿＿＿＿＿＿＿

１　成長、発達に関すること（療育機関等が記入をしてください）

日常生活に関すること ・着衣 ・排便 ・食事 　（偏食、量、様子）	
活動・学習等の様子 ・歌・楽器の演奏 ・絵・工作等 ・体育・遊戯 ・文字・数の理解	見　本
集団参加 ・集団への参加状況 ・グループでの遊び ・対人関係の成立	
安全管理に関すること ・見守りの必要性等	
コミュニケーション ・意思の通じ合い ・言語、話し合い	

交付番号 教育委員会指導室

資料（療育機関記入用アイリスシート②）

児童・生徒氏名　　　　　　　　　　　
記入機関名　　　　　　　　　　　　　
記入機関電話番号　　　　　　　　　　

遊びの特徴	
身体・疾病の状況 ・視力、聴力、四肢の状況を含む	
調査・検査の実施状況	
性格・家庭状況など	見　本
指導内容・方法の工夫などに関すること	
次年度も引き続き支援が必要だと思われる事項、希望等	

備考（質問事項などがありましたらご記入ください）

資料（連絡用アイリスシート）

交付番号　教育委員会指導室

【連絡用アイリスシート】　　　　　　氏名：＿＿＿＿＿＿＿＿＿＿＿＿

1　連絡欄：各機関へのご質問や連携の記録などにお使い下さい。

発信者	宛て先
所属＿＿＿＿＿＿＿＿＿＿	所属＿＿＿＿＿＿＿＿＿御中
記入者＿＿＿＿＿＿＿＿＿	記入者＿＿＿＿＿＿＿＿＿様
電話番号＿＿＿＿＿＿＿＿	電話番号＿＿＿＿＿＿＿＿
記入日　令和　　年　　月　　日	記入日　令和　　年　　月　　日

所属＿＿＿＿＿＿＿＿＿＿	所属＿＿＿＿＿＿＿＿＿御中
記入者＿＿＿＿＿＿＿＿＿	記入者＿＿＿＿＿＿＿＿＿様
電話番号＿＿＿＿＿＿＿＿	電話番号＿＿＿＿＿＿＿＿
記入日　令和　　年　　月　　日	記入日　令和　　年　　月　　日

見　　本

所属＿＿＿＿＿＿＿＿＿＿	所属＿＿＿＿＿＿＿＿＿御中
記入者＿＿＿＿＿＿＿＿＿	記入者＿＿＿＿＿＿＿＿＿様
電話番号＿＿＿＿＿＿＿＿	電話番号＿＿＿＿＿＿＿＿
記入日　令和　　年　　月　　日	記入日　令和　　年　　月　　日

6 就学相談担当者の研修の充実
～東京都の取組～

　東京都では、年々就学相談の件数が増加し、相談内容が複雑化・多様化している状況である。そのため、市区町村教育委員会の就学相談に関する専門性の向上を図ることは、円滑に就学相談を進め、保護者との合意形成を図っていくために重要である。また、就学相談後においても、児童・生徒の障害の状態等の変化を踏まえ、もっとも本人の能力を伸長することができるよう、教育相談の充実に努めることが求められる。一方、市区町村教育委員会における就学相談担当者は、人事異動等での入れ替わりがあり、毎年、多くの担当者が初めて就学相談に携わることも多い。

　これまで、東京都教育委員会では、従来の「就学支援機能」に加えて、「就労支援機能」「関係機関の連絡調整機能」「理解啓発機能・情報提供機能」を備え、東京都における特別支援教育を推進する中核的な役割として、平成20年度に東京都特別支援教育推進室を設置した。東京都特別支援教育推進室では、毎年、市区町村教育委員会の就学相談担当者の資質向上に向け講習会を実施している。平成29年2月に都教育委員会が策定した「東京都特別支援教育推進計画（第二期）・第一次実施計画」では、市区町村向けの就学相談の研修受講者が策定時は単年度で890人であったのを、10年間で累計1万5千人の受講者に向上させる施策目標である。そのため、東京都特別支援教育推進室では、就学相談担当者向けの講習会の開催回数を増やすとともに、具体的な事例に即した就学相談の対応事例検討会及び情報交換会を開催するなどして、市区町村教育委員会の就学相談担当者の専門性向上のための支援の充実を図っている。

（1）就学相談に関するガイドライン（手引）の作成

　都教育委員会では、年度当初に、市区町村教育委員会の就学相談担当者や特別支援学校の就学相談を担当する教員向けに、就学相談の基本事項や障害の理解、就学相談や転学相談の手続き、関連する法令等を周知する目的で「就学相談の手引」を毎年発行している。同手引の主な内容は表3－6－1のとおりである。

表3−6−1　「就学相談の手引」（東京都教育委員会）

第1部　就学相談の基本と実際

Ⅰ　就学相談の基本的事項

　　障害のある児童・生徒等の就学先の決定について、就学手続の流れ、就学相談に当たっての配慮事項、早期からの保護者への適切な情報提供について、早期からの一貫した支援と就学相談等

Ⅱ　障害の理解と就学相談

　　各障害の定義、各障害の分類、障害の状態の把握、就学相談を進める上での留意点等

Ⅲ　就学相談の実際

　　保護者面接、行動観察、障害に応じた就学相談の実際、医療的ケアへの配慮、相談における医学診察等

Ⅳ　「学びの場」の柔軟な見直し

　　転学相談の実際、転学相談に当たっての配慮事項、転学先決定に当たっての留意事項等

第2部　就学相談・転学相談等の手続

Ⅰ　就学相談の手続

　　就学相談の基本方針、就学相談の対象、就学相談の日程・手続等

Ⅱ　転学相談等の手続

　　転学相談の基本事項、転学相談の基本事項

第3部　関係法令

（2）就学相談担当者講習会

　都教育委員会では、毎年、市区町村教育委員会にて就学相談が本格的に始まる前の6月から7月にかけて、障害のある児童・生徒の適切な就学ならびに円滑な就学相談の遂行に資するために、就学相談担当者を対象とした講習会を実施している（表3−6−2）。同講習会は、1回の定員を100人程度として、全5講義（講義ⅠからⅤまで）を2回ずつ実施し、各講義2回のうち、いずれか1回を受講することとしている。受講対象は、市区町村教育委員会における就学支援委員会（教育支援委員会）の構成メンバーとなる、(a) 市区町村教育委員会及び市区町村立小・中学校教職員、(b) 各学校の校長から推薦を受けた都立特別支援学校教員である。

　市区町村教育委員会は、医療、保健、福祉等の関係機関と連携を図り、乳幼児期から一貫した教育相談体制を進めることができるよう、障害のある子どもの成長の記録や必要な支援内容に関する情報について、本人・保護者の了解を得た上で、その扱いに留意しつつ、必要に応じて関係機関が共有し活用することが求められている。そのため、就学相談に携わる実務者の専門性及び資質の向上が必要であり、毎年、多くの担当者が受講している。

表3－6－2　就学相談担当者講習会の内容等

	講習内容	講　師
Ⅰ	特別支援教育と就学相談に関する法令について 〜特別支援教育に関する国の動向〜	学識経験者
Ⅱ	就学相談の実際　〜行動観察の仕方について〜	学識経験者
Ⅲ	保護者への適切な情報提供の在り方　〜就学相談に関わる者の役割〜	特別支援学校長
Ⅳ	保護者の心情に寄り添う就学相談の在り方　〜面談の実際について〜	学識経験者
Ⅴ	早期からの一貫した支援について　〜早期連携・早期支援の充実〜	学識経験者

①講習会Ⅰ：特別支援教育と就学相談に関する法令について
　　　　〜特別支援教育に関する国の動向〜

　就学相談を適切に行うため、就学相談担当者には、就学事務に関する法令の理解、障害の特性と教育的対応についての理解など、専門的で幅広い知識と経験が求められる。

　本講習は、国における近年の特別支援教育の動向や障害者差別解消法等の障害のある児童・生徒に関連する法令について、就学相談に携わる担当者の理解を深めることを目的に実施している。

②講習会Ⅱ：就学相談の実際 〜行動観察の仕方について〜

　本講習は、就学相談を進めるにあたっての行動観察の方法や、就学支援員会（教育支援委員会）に向けた資料のまとめ方など、具体的な事例を通した就学相談の実務に関する内容を扱う。

　行動観察は、一人一人の幼児・児童・生徒にとって最もふさわしい教育の内容や場を保障するために欠かせないものである。行動観察においては、幼児・児童・生徒の障害の種類や程度、発達の状態等を把握し、どのような教育を、どのような場で行うことが望ましいのかの判断が可能となるような資料を作成することになる。そのため、行動観察を実施するにあたっては、児童・生徒が自然に活動できる場の設定や働きかけの工夫に努めるとともに、必要に応じて、市区町村教育委員会の就学相談担当者が中心となり、就学前の療育機関や幼稚園、保育所、小学校等に出向いて活動の様子を観察する等、子どもや保護者の負担軽減等に関する工夫や配慮が必要である。型どおりに進めることなく、幼児・児童・生徒の障害の状態や保護者の意向等を踏まえ、柔軟に対応することができるよう専門性を向上させる必要がある。

③講習会Ⅲ：保護者への適切な情報提供の在り方 〜就学相談に関わる者の役割〜

　本講習は、就学相談を実施する際の保護者との関係の築き方、保護者に適切に情報提供をするにあたって相談担当者の専門性の向上を目的に実施している。

　円滑な就学先決定のプロセスをたどるために、本格的な就学期の相談が開始される以前の適切な時期に、就学先決定についての手続の流れや就学先決定後も柔軟に転学できることなどについて、本人・保護者に対してあらかじめ就学に関する情報提供を行うことが必要である。就学に関する情報提供の内容では、子どもの可能性を最大限伸長するための就学先決定であることを伝え、域内の学校（通常の学級、通級による指導、特別支援学級、特別支援学校）や支援のための資源の状況、入学までのスケジュール等を分かりやすく伝え、保護者の就学相談に対する主体性を引き出すことが大切となる。

④講習会Ⅳ：保護者の心情に寄り添う就学相談の在り方 〜面談の実際について〜

　本講習は、就学相談時に行う面談について、保護者の側から見た就学相談のイメージ、保護者の障害受容など、面談を行うにあたっての配慮事項や保護者理解などについて演習等を通じて研修することを内容としている。

　保護者との面接では、幼児・児童・生徒の障害の状態、生育歴や家庭環境、就学前の療育や保育の状況、教育内容や方法に関する保護者の意向等、就学先を決定するにあたっての必要な情報を収集することになる。そのため、保護者面接は、保護者の意向等を把握する大切な機会であると同時に、特別支援学級や特別支援学校等における教育内容や個に応じた指導等について、保護者への情報提供を行う機会でもある。保護者と相談担当者が面接という機会を通じて、幼児・児童・生徒にとって最もふさわしい教育の内容や場について互いの意見や情報を交換し、共通理解を深めることが重要となる。

⑤早期からの一貫した支援について 〜早期連携・早期支援の充実〜

　本講習は、早期からの支援の重要性、一貫した指導の重要性、就学後のフォローアップと柔軟な対応、今日的な就学の捉え方と就学先などの内容について演習を通じて研修することを内容としている。

　早期から始まっている支援を就学期に円滑に引き継ぎ、障害のある子どもの精神的及び身体的な能力を最大限度まで発達させ、学校卒業後の地域社会に主体的に参加できるよう移行支援を充実させるなど、一貫した教育支援が強く求められている。障害のある子ども一人一人のニーズを把握し、適切な指導及び必要な支援を図る特別支援教育の理念を実現させていくためには、早期からの教育相談・支援、就学支援、就学後の適切な教育及び必要な教育的支援全体を、一貫した「教育支援」と捉え直し、

一人一人のニーズに応じた教育支援の充実を図ることが重要となる。

（3）就学相談講習会

東京都特別支援教育推進室では、就学相談の担当者向けの研修のほか、幼稚園及び保育所等において障害のある幼児の保育に携わる者を対象に、(a) 障害のある幼児・保護者に対して早期連携・早期支援の視点から、適切な就学と継続的な支援の充実を図ること、(b) 幼稚園・保育所等における早期発見の園内支援体制の整備と職員の役割について理解を深めることを目的に講習会を実施している（表3－6－3）。本講習会は、対象となる幼稚園及び保育所の教職員等が出席しやすいよう、夏季休業期間中に複数回同じ内容の研修を設けている。

表3－6－3　就学相談講習会の内容等

		講 習 内 容
1	講義	【テーマ】支援をつなぐ就学相談の在り方（就学相談に関する基本的事項）について
		【ねらい・内容】 　就学相談の基本的事項について、担当者の理解を促進するとともに、障害のある幼児及び保護者への継続的な支援につながる相談の在り方について理解を深める。
2	講義・演習	【テーマ】保育場面における具体的な支援 ～就学支援シートの書き方～
		【ねらい・内容】 　保育場面において行われている支援内容をより適切な就学につなげるために、就学支援シートへの理解促進を図る。 　実際に就学支援シートを作成する演習を行い、記述方法や観点についての理解を深める。
3	講義	【テーマ】支援を必要な幼児及び保護者に対する早期連携・早期支援について
		【ねらい・内容】 　幼児への具体的な支援方法や、就学支援シートの学校での活用事例について理解促進を図り、適切な就学と継続的な支援の充実を図るために必要な園内の支援体制や早期からの連携・支援について理解を深める。

本講習は、早期から子どもの障害受容に関わる保護者への支援、保護者が障害のある子どもとの関わり方を学ぶことにより、良好な親子関係を形成するための支援、乳幼児の発達を促すような関わり方についての支援、障害による困難の改善に関する保護者の理解への支援、特別支援教育に関する情報提供等の意義がある。

(濱辺 清)

【引用・参考文献】
東京都教育委員会「東京都特別支援教育推進計画（第二期）・第一次実施計画～共生社会の実現に向けた特別支援教育の推進～」（平成29年2月）
東京都教育委員会「令和2年度 就学相談の手引～児童・生徒一人一人の適切な就学のために～（義務教育）」（令和2年6月）

7 特別支援教育コーディネーターによる地域連携と就学相談

（1）はじめに ～特別支援学校の地域連携～

　東京都立高島特別支援学校は、東京都内にある知的障害の児童・生徒が通う特別支援学校である。学区域は都内でも人口数の多い二つの区の一部となっており、児童・生徒数は令和2年現在、300名近く在籍し、教職員は100名以上と都内の特別支援学校の中では規模の大きい学校である。平成19年に「特別支援学校」となり、特別支援教育制度が開始されてから、特別支援教育コーディネーターが複数指名され、地域連携については表3－7－1の役割を担っている。

表3－7－1　特別支援教育コーディネーターによる地域連携の取組

①エリアネットワークでの幼稚園、保育所、小・中学校、学童クラブの職員への支援が必要な子どもに関する相談・助言
②特別支援教育に関する相談、情報提供
③特別支援教育に関する研修の開催
④関係機関（医療・保健、福祉）との連絡・調整
⑤職員研修等への協力・支援
⑥副籍制度※を活用した交流及び共同学習の充実に向けての連絡調整
⑦障害理解に関する小中学校における出前授業
⑧学区域に該当する教育委員会主催の就学相談委員として相談、情報提供

※副籍制度：都立特別支援学校小・中学部に在籍する児童・生徒が居住する地域の市区町村小・中学校に副次的な籍をもち、直接的な交流や間接的な交流を通じて、居住する地域とのつながりの維持・継続を図る。

（2）センター的機能の発揮としての役割

　特別支援学校は、平成19年4月1日に施行された学校教育法一部改正において、「幼稚園、小学校、中学校、高等学校又は中等教育学校の要請に応じて、教育上特別の支援を必要とする児童、生徒又は幼児の教育に関し必要な助言又は援助を行うように努める」と規定され、法律上、特別支援学校のセンター的機能の役割について明確に位置づけられた。

　センター的機能の内容としては、中央教育審議会「特別支援教育を推進するための制度の在り方について（答申）」（平成17年12月）に表3－7－2のように例示されている。本校では、そのセンター的機能を特別支援教育コーディネーターが中心となり担い、取り組んでいる。各機関からの相談依頼を受けるだけではなく、区の教育、福祉行政の相談システムとして位置づけ、包括的な支援体制が構築され、

地域の特別支援教育の相談センターとして認知されつつある。

表3－7－2　特別支援学校のセンター的機能

①小・中学校等の教育への支援機能
②特別支援教育等に関する相談・情報提供
③障害のある幼児児童生徒への指導・支援機能
④福祉、医療、労働などの関係機関等との連絡・調整機能
⑤小・中学校等の教員に対する研修協力機能
⑥障害のある幼児児童生徒への施設設備等の提供機能

（3）就学前機関からのつながりある地域連携、就学相談

①巡回相談

　特別支援学校の特別支援教育コーディネーターが区の福祉、教育行政機関と連携し、幼稚園、保育所、児童発達支援事業所へ訪問している。相談の依頼は各区の担当部署にあがり、そこから本校に依頼がくるという仕組みで行っている。対象児童の実態と相談内容を示す資料を提出されたものを事前に確認した上で訪問して行動観察を行い、教育的ニーズの理解、具体的な支援方法について支援者で協議する際に助言を行っている。対象は「気になる子ども」も含めて乳幼児期の早期からの相談が多く、協議した支援方針については保育所等が保護者を含めてその教育的ニーズについて共通理解し、適切な支援や関わりが継続されるようにという視点で助言を行っている。特別支援学校の特別支援教育コーディネーターが相談役を担う利点として、就学先となる特別支援学校の指導内容や方法、教育環境等に関する情報提供ができることがある。さらに、園で継続された支援や配慮について、入学後の学校生活に円滑に移行できるような支援ができる。

②保育士実務研修

　地域の保育士が実際に特別支援学校での授業に立ち会い、就学後の児童の様子を知ることで、就学についての見通しを持ち、保育所での支援の充実と就学に向けての保護者への情報提供に生かすことができるように、保育士実務研修を行っている。授業で使う教材やその使用方法について知る機会となっており、保育所で活用されていることが巡回相談でもうかがえる。

③学校見学会

　4回の学校見学会を通して、特別支援学校へ入学を希望している方を対象に、授業参観、学校概要説明、区の教育委員会担当者による就学相談についての説明を行っている。そのうち1回は、次々年度、次々次年度に入学予定の子どもをもつ家庭を

対象とし、担当者は参加者に校内の案内をしながら、授業や教材、入学後の児童・生徒の様子を加えて丁寧に説明している。入学を希望している保護者だけではなく、区の教育委員会担当者、転学を検討している学校関係者、就学前機関の職員の参加もあり、就学についての情報を提供する機会となっている。

④就学前授業体験

　特別支援学校への就学を考えている年長、年中の子どもを対象に、その保護者と共に参加する入学前授業体験「にこにこひろば」を行っている。集団での学習を体験した後、希望者には個別学習の体験、教育相談を行っている。年中児から体験を行うことで、親子で就学に向けた見通しをもつ機会としている。学校見学会や就学前授業体験を地域の関係機関に広く周知していくことが課題であるが、区の担当課と連携し、図３－７－１のような掲示用のポスターを作成し、掲示している。

図３－７－１　保育園等の廊下に掲示できるようチラシを作成

⑤特別支援教育理解推進研修会「エリアネットワーク研修会」

　区の保育課と共催で、地域の特別支援教育推進事業として毎年開催している。講演だけではなく、教材の展示会も同日に開催し、幼稚園、保育所、小中学校、学童

クラブ、福祉施設職員の200名近い参加を得ている。

⑥研修会等への講師依頼

　児童発達支援事業所からの依頼で事業所の保護者会に参加し、特別支援学校の教育内容や学校生活についての情報提供を行っている。保育所や幼稚園等での巡回相談の件数が増加する傾向で地域の特別支援教育についてのセンター的機能については周知されるようになったが、依頼があった施設への支援だけではなく、地域における特別支援体制の推進が課題である。保育課と連携する中で、職層や職種に応じた研修の講師として参加できるようになり、より包括的、かつ継続的な特別支援教育の推進に取り組んでいる。地域における一方向の連携から、様々な方向への総合的な連携が徐々に広がりつつある。

（4）小学校・中学校との地域連携、就学・転学相談
①副籍制度を活用した交流及び共同学習

　東京都教育委員会は副籍制度が障害のある子どもと障害のない子どもをつなぎ、支え合って生きる地域社会の形成に向けた方策の一つであると考えて、その充実と発展を目指している。

　本校では、特別支援学校の担任が保護者とどのような交流にするか相談した上、地域指定校の担任や特別支援教育コーディネーター等と協議し、目的や方法、内容を調整した後、実際交流を実施している。地域指定校の担任や、交流する学級の児童・生徒の障害についての理解、障害のある子どもとの具体的な関わり方についての理解を進めるために出前授業の実施（図３－７－２）、対象児童・生徒の紹介文の掲示、特別支援学校の紹介文「ひこうせん」の掲示等、様々な方法で取り組んでいる。

図３－７－２　出前授業

さらに、地域に精通している主任児童委員、民生委員に交流時の同行への協力を依頼し、こうした学校間の調整を経た交流活動が特別な児童・生徒同士の関わりの機会となるだけでなく、日常的になるよう目指している。また、同様の目的として、毎年、事例を通して様々な立場の参加者から意見をもらう「副籍を語る会」を実施している。まだ参加者は少ないが、地域で「顔の見える関係」をどのように形成していくかについて貴重な意見を聞くことができる機会となっている。

②区教育委員会、小・中学校への支援

各学校からの依頼を受け訪問し、行動観察後、関係者での協議の場で助言を行っている。助言の際には、できるだけ関係者全てに参加してもらい、相談後も校内の支援体制が構築できるよう助言を行うようにしている。継続的な相談が進むと、校内での特別支援教育に関する研修の講師を依頼されることが多く、包括的な支援体制が形成できるように助言することが重要であると考える。各学校との連携が進むことで、副籍制度を活用した交流及び共同学習の取組もより円滑になり、双方向による連携が広がっていくと考える。

③特別支援学級との専門性向上事業

近年、特別支援学級において学級増に伴う若手教員の増加等により、教員の専門性の維持、向上が急務の課題となっている。東京都教育委員会では市区町村における特別支援教育推進体制の整備」における「特別支援学級の教育内容・方法の充実」を図るため、都立知的障害特別支援学校（センター校）の中から4校をモデル校にして「特別支援学級と特別支援学校の連携による専門性向上プロジェクト」を実施した。このプロジェクトでは特別支援学校のセンター的機能を活用して、4校の通学区域内にある市区町村教育委員会と連携しながら、地域において特別支援教育の推進を担う特別支援学級を計画的、継続的に支援することで、市区町村教育委員会との連携強化、特別支援学級担当教員の専門性向上、支援を行う特別支援学校の専門性向上など、様々な効果が上がったことが報告されている。

本校においても、区教育委員会と連携し、本校と区内の特別支援学級指定校が学び合う関係を構築することで、様々な障害種、障害の程度に対応する必要がある特別支援学級の担任の専門性が向上することを目的に専門性向上事業を実施している。
特別支援学校と特別支援学級が学校間の連携を強化し、相互に学び合う関係を構築して、そこで得られた様々な指導方法や知識、経験を報告書としてまとめ、地域の小中学校の普及できるよう進めている。

取組の概要は表3－7－3のようになっている。特別支援学校で開催している研修への参加も徐々に増加しつつあり、都立の特別支援学校と区立の特別支援学級の垣根は徐々に減りつつある。区内の特別支援学級が考えるニーズをどのように把握し、実践し、広げていくかが、課題となっている。

表3－7－3　専門性向上事業の取組

① 特別支援学校における研修に特別支援学級教員が参加
② 特別支援学校開催の「教材、教具展」に特別支援学級教員が参加 ③ 特別支援学級指定校での共同研究の実施（テーマを絞っての共同研究）

（5）就学相談における特別支援学校の役割

　特別支援学校の教員が市区町村教育支援委員会の専門員として委嘱を受け、意見や助言を求められる役割を担うことが多い。これは、就学相談の対象となる子どもの教育的ニーズに対し、特別支援学校はどのような指導や支援を提供できるか、また様々な障害の種類や程度の児童生徒に対する指導経験がある専門家として、就学後の適切な指導、支援により子どもが伸長する可能性を示す重要な立場とだと考えている。

　また、特別支援学校は、地域の特別支援教育のセンター的機能として、特別支援学校の教員による小中学校の巡回相談を実施することがある。適切な就学相談を進めるためには、どのような教育的ニーズがあるか、そのためにどのような支援が必要かということについて、保護者や関係者が共通理解しておくことは重要である。しかし、実際には目の前の子どもの気になる部分に焦点をあてて試行錯誤を繰り返し、支援を行っていく中で、子どもの教育的ニーズがつかめることが多い。近年の巡回相談では、主訴が「～の様子に困っている」「どう対応したらよいか」から「発達を促していく中で、どう関わったらよいか」等の助言を求められることが多い。関わる人々の専門性が向上し、一人一人の子どもの発達にしっかり向き合おうとする姿勢に変わりつつある。実践を繰り返す中で、直接的に関わる支援者のサポート体制が必要であると考える。そのためにセンター的機能を発揮する特別支援教育コーディネーターが幼少期から様々な形で「つなぐ」役割を発揮していくことが、児童生徒一人一人の適切な就学相談につながっていくと考え、今後も継続して地域のサポート体制の一役をかっていきたい。

（6）おわりに

　特別支援教育コーディネーターによる地域連携も平成19年4月に施行された学校教育法一部改正によって法律上位置づけられたセンター的機能の役割によって具体的な内容が示され、それが指針となって進められるようになった。しかし、社会の変化や地域のニーズに即してその役割も変化していく必要があり、本校での地域連携においても組織的に、総合的に進めていくことが求められている。今後は、地域においては様々なリソースがあり、それらを統合したり、調整したり、一つの支援体制にまとめるつなぎ役であるコーディネーターとして、双方向、もしくは多方向の支援体制が構築できることが共生社会の実現に近づく一歩だと考え、連携を図っていきたい。

（片山 亜紀）

第4章

転学相談の実際

転学は年度替わりを原則とするが、特別な事情により年度途中に転学する場合には、転出校と転入校及び市区町村教育委員会と都道府県教育委員会が十分に連絡を取りながら相談を進めることが大切である。

そして、障害のある児童生徒の転学を検討するにあたり、障害の状態、本人の教育的ニーズ、本人・保護者の意見、教育学、医学、心理学等専門的見地からの意見、学校や地域の状況等を踏まえた総合的な観点の情報収集が重要となるが、その際、最も本質的な視点は、それぞれの子どもが、授業内容が分かり学習活動に参加している実感・達成感をもちながら、充実した時間を過ごしつつ、生きる力を身に付けていけるかどうかであることを踏まえる必要がある。

 転学相談における本人及び保護者との面談による教育的ニーズの把握

（1）本人面談

本人との面談では、本人の障害の理解や受容の状況、在籍している学校の教育課程を踏まえ、授業内容をどの程度分かって学習活動に参加しているか、授業に参加している実感・達成感をもっているか、充実した時間を過ごしているか等について総合的・多角的に把握する必要がある。面談にあたっての留意事項としては、本人の理解や発達の状況に合わせた面談を行うよう努めること、必要に応じて、保護者を含む関係者に同席を求め、本人の意思表出を支援していただく等の配慮が考えられる。

（2）保護者面談

保護者との面談は、児童生徒の障害の状態、就学後の学習の状況、転学に関する保護者の意向等の必要な情報を収集する。保護者面談は、保護者の意向等を把握する大切な機会であると同時に、特別支援学級や特別支援学校等における教育内容や個に応じた指導等について、保護者への情報提供を行う機会でもある。保護者面談を実施するにあたっては、以下のような点に配慮する必要がある。

・保護者の転学に関する意向の背景にある状況や、検討の経緯を、相互の信頼関係構築の下で詳細に把握すること。

・保護者の有する情報を踏まえ、児童生徒の障害の状態、教育上必要な支援の内容、地域における教育の体制の整備の状況、専門的知識を有する者の意見等、適切な情報を提供すること。

2 校長の思料

　障害の状態等の変化による、特別支援学校から小中学校等、又は小中学校等から特別支援学校への転学については、いずれも校長の思料により、その検討が開始される。

（1）特別支援学校から小中学校等への転学

　特別支援学校に在学する児童生徒について、その障害の状態等の変化により小中学校等への転学が適当であると思料する場合においては、当該特別支援学校の校長は、その旨を、都道府県教育委員会を経由して市区町村教育委員会へ通知しなければならない。

（2）小中学校等から特別支援学校への転学

　小中学校等に在学する障害のある児童生徒について、その障害の状態等の変化により、これらの小中学校等に就学させることが適当でなくなったと思料する場合においては、当該小中学校の校長は、その旨を、市区町村教育委員会へ通知しなければならない。なお、このほかに、小中学校等に在学する児童生徒が新たに視覚障害者等となった場合においても、その旨を校長が市区町村教育委員会に対し通知する。その上で、当該児童生徒について、視覚障害者等となったことにより、これらの小中学校等に就学させることが適当でなくなったと思料する場合においては、当該小中学校等の校長は、その旨を、併せて市区町村教育委員会に通知する。市区町村教育委員会は、これを踏まえ、同様に、当該児童生徒について転学先の検討を行うこととなる。

3 転学相談における学校見学、授業体験

　学校公開や学校見学、授業体験等の機会は、本人や保護者が改めて学びの場を検討する上で、情報を得ることのできる重要な機会である。それぞれの機会において、学校（教員）からの情報提供だけでなく、在校する児童生徒の保護者の協力を得て、保護者の視点からの情報提供を積極的に行うなど、多面的かつ保護者の視点からの適切な情報提供を行うことが重要である。

（1）学校見学

　学校見学は、施設・設備の見学や、保護者の「我が子にとってふさわしい教育の場はどこか」「学校はどのような教育を行ってくれるのか」といったことについて情報提供することが必要である。校内を案内する際は、保護者の学校教育に対する疑問や期待を十分に理解し、見学場面における学習内容のねらいや教育課程上の位置付け、個々の児童生徒の学習課題や学習活動の意味、教員の子どもに対する働きかけの意図、学習活動の今後の展開等について具体的に説明することが大切である。そのために、就学相談における学校見学に準ずる内容により、十分な準備のもとに学校見学を実施する必要がある。

（2）授業体験

　授業体験は、学びの場を検討するために児童生徒が実際に特別支援学級や特別支援学校の学習活動に参加し、その学級や学校の教育内容・方法や教師の姿勢、当該児童生徒の適応の状況等について具体的かつ客観的に把握する機会である。授業体験を実施する際には、参加する児童生徒にとっては、慣れない環境での経験であることを考慮して、就学相談における体験入学に準ずる内容により、あたたかい雰囲気の中で、楽しく活動ができるような配慮を行うことが重要である。

4 市区町村教育委員会及び都道府県教育委員会の情報共有

　特別支援学校は都道府県教育委員会に設置義務があり、小中学校等は市区町村教育委員会に設置義務があることから、転学相談に関しては、密接に連携を図りつつ、最も本質的な視点として、それぞれの子どもが、授業内容が分かり学習活動に参加している実感・達成感をもちながら、充実した時間を過ごしつつ、生きる力を身に付けていけるかどうかであることを踏まえて対応することが重要となる。その際に、必要に応じ教育支援委員会等や、関係する専門家等の助言を得ることも大切である。

5 転学相談にあたっての配慮事項

（1）本人及び保護者の心情の共感的理解

　就学後も、障害の受容に関する保護者の心理は一様ではない。障害のある児童生徒の転学相談に携わる者は、こうした保護者の心情に寄り添い、共感し、援助者としての役割を果たすことが重要である。特に、就学後は、心身の成長・発達上、大

きな変化が見られる場合もある。そうした状況下において相談担当者は、児童生徒の成長に期待する保護者の心情に寄り添いながら、児童生徒の可能性をより一層伸長する教育環境や教育内容・方法について、転学を希望する学校の教育環境や学習内容等の適切な情報提供及び指導・助言をする必要がある。それらを保護者が自ら整理・統合して適切に判断できるよう、援助する姿勢で相談に臨むことが大切である。

（2）本人及び保護者への転学に関するガイダンス

①転学に関するガイダンスの目的

　児童生徒の学びの場の見直しを検討する契機は、児童生徒から、保護者から、在籍する学校から始まるなど様々であり、就学時に、小学校 6 年間、中学校 3 年間の学びの場が全て決まってしまうのではなく、子どもの心身の発達の程度、適応の状況、学校の環境等を勘案しながら柔軟に転学等ができることを、関係者の共通理解とすることが重要である。そのため、就学先決定後も柔軟に転学できることなどについて、本人・保護者に対して転学に関するガイダンスを行うことが必要となる。

②転学に関するガイダンスの内容

　転学に関するガイダンスにおいては、児童生徒の可能性を最大限伸長するための転学先決定であること、保護者が子どもの学習、発達、成長という観点を最優先する立場で転学先決定の話合いに臨むことができること、保護者の意向は可能な限り尊重されることを伝え、本人及び保護者が安心して転学相談に臨むことができるようにすることが大切である。また、域内の学校（通常の学級、通級による指導、特別支援学級、特別支援学校）や支援のための資源の状況、転学に至るスケジュール等を分かりやすく伝え、本人及び保護者の転学相談に対する主体性を引き出すことが大切となる。

③転学に関するガイダンス実施上の留意点

　転学は年度替わりを原則とするが、特別な事情により年度途中に転学する場合には、転出校と転入校、市区町村教育委員会と都道府県教育委員会が十分に連絡を取りながら相談を進める必要がある。学びの場の見直しの検討に先立って、本人及び保護者に対して全体的な流れや学校見学・体験入学等のスケジュール、また、意見聴取が行われることなどを伝え、その理解を促すことがガイダンスのポイントであり、円滑な手続の実施に欠かせないプロセスとして、ガイダンスの充実を図ることが重要となる。

6 転学後のフォローアップ

　転学後の「学びの場」についても、固定したものではなく、それぞれの子どもの心身の発達の程度、適応の状況等を勘案しながら、小中学校等から特別支援学校への転学又は特別支援学校から小中学校等への転学といったように、双方向での転学等ができることを、全ての関係者の共通理解とすることが重要である。そのために、転学後も教育相談や個別の教育支援計画に基づく関係者による会議などを定期的に行い、子どもの心身の発達の程度、適応の状況等を把握し、引き続き個別の教育支援計画を見直していくことが必要である。

　特に、学校においては、校長、副校長・教頭、特別支援教育コーディネーター、教育相談担当教員、養護教諭等からなる校内委員会などの相談支援体制を整備し、転学後の児童生徒の学校への適応状況や障害の状態等の改善の様子等を的確に把握することが重要である。転学後の経過観察が必要な児童生徒に対しては、本人及び保護者との信頼関係を保ちながら、相談活動を継続していく必要がある。また、教育委員会が設置する教育支援委員会等は、必要な教育的支援の内容等について校長に助言したり、校内委員会と連携したフォローアップ体制を整備したりすることが重要である。そして、その結果に基づいて弾力的かつ機動的に、より適切な教育内容や方法への変更を検討することが大切である。

7 転学先決定にあたっての留意事項

（1）適切な情報の収集や情報提供

　「学びの場」の柔軟な見直しのためには、本人・保護者に対して転学相談や域内の学校の教育内容・方法、教育環境等に関する情報等を分かりやすく提供することが重要である。また、障害のある子どもについては、学校に加え、放課後等デイサービス等の放課後支援機関で過ごす時間もあることから、学校や教育委員会関係者が、普段から放課後等デイサービスの事業者等との情報共有が図られるように連携を図ることも、継続的な教育相談を行う上で有用となる。

（2）保護者及び専門家からの意見聴取

　小中学校等と特別支援学校間の転学が行われる場合においても、学校教育法施行令第18条の2により、保護者及び専門家からの意見聴取を行わなければならない

ことに留意する必要がある。保護者に対し、転学における調査・検討のプロセスの透明性を確保し、学びの場の決定について十分な説明責任を果たすことが重要である。具体的には、「調査・検討の内容を分かりやすく適切な形で保護者に伝える」「保護者の求めに応じて専門家の意見を聴く機会を提供する」といったことが考えられる。あわせて、教育支援委員会等において保護者が意見表明する機会を確保する等、保護者の意見を十分に聴き取れる転学相談のシステムを構築していくことが大切である。

（3）総合的な判断

　障害の状態等の変化による、特別支援学校から小中学校等、又は小中学校等から特別支援学校への転学については、いずれも、校長の思料により、その検討が開始される。

　このため、小中学校等及び市区町村教育委員会に加え、特別支援学校及び都道府県教育委員会においても、継続的な教育相談を行うための体制が必要となることに留意する必要がある。各学校における校内委員会等の体制整備や、教育委員会による専門家チームの派遣や定期的な巡回教育相談等を通じた各学校への支援も必要となる。児童生徒の学びの場を決定するにあたっては、転学相談で得られた資料を基に、教育学、医学、心理学等の障害のある児童生徒の就学指導に関する専門的知識を有する者の意見を聴いた上で、個々の児童生徒の転学後の指導指針を明確にし、卒業後のライフステージを見通して総合的かつ慎重に判断していく必要がある。

　実際の教育支援委員会における検討にあたっては、医学的な診断結果に基づく資料だけでなく、心理学的な諸検査の結果や心身の発達の状態、生活や行動の特性を示す情報等に基づき適切に検討することも必要となる。

　この際、医学的な判断に加え、児童生徒一人一人の特別な教育的ニーズに対応するために、教育学や心理学等の観点を含め、個々の児童生徒にとって最もふさわしい教育的対応について検討することが教育支援委員会等の役割となる。教育委員会は、教育支援委員会における調査・審議の所見に基づき、障害のある児童生徒一人一人の転学先について総合的かつ慎重な判断を行った上で決定する。

（緒方　直彦）

【引用・参考文献】
東京都教育委員会「児童生徒一人一人の適切な就学のために－就学相談の手引き－」（令和2年6月）
文部科学省「教育支援資料」（平成25年10月）

第5章

障害のある子どもの
保護者・支援者の声

これから就学相談を受ける保護者の方へ、就学相談を実施する担当者の方へ

～成人障害者の支援者が保護者として就学相談を受けての提言～

NPO 法人 NECST 就労移行支援事業所 ビルド神保町
社会福祉士・精神保健福祉士・就労支援員　**松原　未知**

　現在この原稿を執筆している私の中度知的障害のある息子は、インクルーシブ教育を標榜する私立小学校2年生である。これは、就学相談を通じて保護者として息子に望む教育や環境そして自立の姿を検討した上で選択した道であり、まだ入学して2年、この選択が期待していた結果へ導かれていくものになるのか、答えはでていない。なので、私自身の選択を推奨するものではなく、「就学相談」をどのように捉えるとよいのかの参考として読んでいただければ幸いである。

❶ 「医学モデル（個人モデル）」と「社会モデル（環境モデル）」

　私は、息子を出産する前から成人の障害者（主に知的および精神障害者）の就労に関わる支援を仕事としている。つまり、成人してある程度自立の方法が見えてきた世代の支援者であり、障害のある人たちの成人期以降の生き方や福祉制度について専門家としての知識は持ち合わせている。また、息子の障害は先天的な染色体異常を起因とするものであり、出生時から判明していたため、発育段階で精神発達遅滞が生じることは理解をしていた。それゆえ、就学相談についても「受けた方がよいのか？」という疑問は特段もたずに、知的な遅れがあるから、就学前には学校選択の相談をするべきものなのだと認識していた。しかし私とは異なる、"出生時には判明しない何かしらの障害のある子どもの保護者"が、自分の子どもが「特別な配慮が必要かもしれない」、簡単に言うと「あれ、他の子と何かが違う？」と気がつくのはどのタイミングであろうか？

　まずは、就学前に気づくケース。これは人によって違うと思われるが、その多くが1歳半や3歳児健診時での医師や保健師などからの指摘、幼稚園や保育所での保育士からの話又は、集団に入ったときに周囲の子どもと比較して保護者自身が何かしらの違いに気づく、このようなケースが多いと推測される。つまり、成長しながらだんだんと、もしかしたら何か違うかなとゆっくり認識していくことがほとんど

だと思われる。この場合、多くの保護者が次につながる場所は何かしらの発達関連の相談、つまり自治体の発達相談の窓口であったり、児童精神科の診察であったりである。

　いずれにせよ「少し発育上に課題がある」となると、リハビリや療育を勧められ通うことが多い。ただし、最初のこの相談窓口につながるのは意外とハードルが高く、「もう少し様子をみましょう」と言われたり、病院の場合は初診の予約が数か月、半年待つことも珍しくない。その間、保護者はだんだんと「やはりうちの子は少し違うのではないか」と不安が拡大していく。そしてやっと相談窓口や病院経由で、リハビリや療育につながった保護者の願いは、「普通の子の成長に追いつく」「集団に遅れないように動けるようにする」「早く歩行獲得できるように頑張る」「発語を促して会話が成立するようにする」など、本人の成長を促してなんとか「普通」になってほしい。それが無理でもなるべく、障害の状態は軽く少しでも健常者に近づけたい、こんな想いであることが多いのではないだろうか。

　次に、就学以降に子どもの障害に気づく場合は、学力面や集団行動、周囲との関わり方に問題が生じてきて学校の先生からの話や周囲のアドバイスから緩やかに、だんだんと「障害があるかもしれない」と気づいていく。その場合も、まずは「少しでも学校でうまくできるように治そう、訓練しよう」「通常の学級でついていくために勉強を教えよう」など、その子の成長を促すことに注力置くことが多いのではないのだろうか。

　就学前に障害に気づくケース、就学後に気づくケース、どちらにも言えることは、保護者は自らの子どもの障害を「医学モデル（個人モデル）」で捉えているということである。「医学モデル」とは、障害という現象を、疾病、外傷、もしくはその他の健康状態により直接生じた「個人的な」問題として捉え、専門職による医療を必要とするものという考え方である。さらに、「トレーニング（療育）」や「リハビリテーション」などによって状態を改善させて、社会の仕組みに合わせようとする。つまり「できない」原因は障害者本人にあると捉える概念である。

　この「医学モデル（個人モデル）」と異なる方向にある考え方が「社会モデル（環境モデル）」である。「社会モデル」の考え方は、障害のある人が社会に参加しにくいのはその受け入れをする環境に課題があるという捉え方である。例えば、車いす利用者が段差のある場所で、段差を乗り越えるために、車いすの性能を上げて、操縦方法を訓練して解決する方法は、「医学（個人）モデル」であり、段差にスロープを付けてバリアフリーにする、つまり環境を調整することにより車いすの人だけでなく、ベビーカーや自転車に乗った人など皆が使いやすい設備にしていく、この

考えた方が「社会モデル（環境モデル）」である。

2014年以に日本が批准した「障害者の権利に関する条約」は、「社会モデル」の考え方がベースとなっており、障害を理由とした雇用や入学拒否の禁止、受け入れ環境の整備などの合理的配慮を求めている。さらに一般原則として「社会への完全かつ効果的な参加とインクルージョン」が明記されている。つまり、今の教育の現場では、「社会モデル」の考え方がスタンダードなのだが、保護者にとっては、自分の子どもの障害に気づいてから出会う考え方が「医学モデル」中心であるから、就学相談そのものも、どうも医学モデルの視点で話し合ってしまう傾向にないだろうか。

② 就学相談での "やり残し感"

私の場合は成人障害者を対象とした福祉の現場に長くおり、障害者の自立や社会参加目的をとした課題は「社会モデル（環境モデル）」の考え方で検討をしていた。例えば、障害者雇用の場で働く障害者は以前であれば、障害を克服して多くの作業をできるように訓練されている障害者が歓迎されていた。しかし、現在では本人のストレングスに視点を置き、どのような環境下であればその障害者本人がもてる力を最大限に発揮され、対価に見合った労働を生み出すことができるのか、環境調整の方法を雇用（支援者）側は検討する。そのため、支援者である私自身は、就学相談の場は、教育委員会の担当者と自分の息子の環境調整を話し合う場としての認識であった。

しかし、最初に違和感を覚えたのが、「就学相談票」の記入の段階であった。まずは、「今困っていること・気になること」がある。そこから、保護者が希望する就学先、地域の学校か特別支援学校か、地域の学校なら特別支援学級か通常の学級かを書く。そして手帳の有無や診断名、成育歴、発育の状況、そして医療情報、検査情報、利用しているサービスについて記載していく。その後に就学先を希望した理由や学校教育に対する希望を記入していく。もちろん、就学相談は一人一人事情や状況が全く異なるので、ある程度共通のフォーマットに基づいた情報がないと相談が進みにくいということは理解しているが、このフォーマットに記入していくと、どうしても自分自身の考え方も医学（個人）モデルになってしまうのが否めかなった。

今困っていること＝「発育全体がゆっくりであり発語が少ない。全ての行動で個別の支援がないと集団行動についていけない」と記載し、その後手帳は「東京都愛の手帳4度」（当時）となり、成育歴（例えば、歩行の獲得2歳8か月）やそこか

ら利用している児童発達支援サービスの情報や診断名などを書いていく。そこには、息子個人の問題点と、今個別支援が必要であることは浮き彫りになってくるが、この息子が具体的にどのような支援を受けながら育てば社会で自立ができるのか、そこが全く見えなくなってきたのである。

　保護者として一番相談したいことは、障害を治す方法や軽くすることではなく、おそらく多数派ではない個性をもった今目の前にいる自分の子どもがどのような環境で育っていくと、社会参加の機会が広がっていくのか、本人が生きやすくなるのかではないだろうか。

　少なくとも私は、成人期以降の障害者の生き方の選択肢はある程度イメージできたが、障害をもちながらも多様な選択肢がもてるように成長するには、どのような教育がよいのか、ここは素人なので全く分からず、相談したいと思っていた。しかし実際は、なかなか担当者とそこまで深く相談ができずに、就学相談は何かやり残した感が残ってしまった。

　なぜ、このような齟齬が生じたのか？おそらく担当者が見ている将来の自立像と、成人支援者であり保護者である私が想像しいている自立像がうまく噛み合っていなかったのだろうと思われる。さらに、今思えば、就学相談の担当者の就学相談の捉え方が「個人の障害」に注目しすぎており、社会モデルに基づいたその子に相応しい環境調整を話し合いながら、障害者の自立に向けての相談をするというところにまで至らなかったように思う。

　ちなみに、育てながら徐々に普通の子とは違うという現実が見えてきて、いろいろな相談に行き、なるべく「普通」になれるような訓練、リハビリを受けている真っただ中にいる保護者には将来の自立の方法や、社会の生き方の指針まだ全く見えていないのである。その中では学校選択の相談は何をしてよいのか分からないのではないだろうか。本当に知りたいこと一番心配なことは、「うちの子ども、将来自立できますか？」だと思われる。

❸ 就学相談に求めること

　最近の保護者の傾向としては、通常の学級に行かせたい、なるべく地域の子どもに関わらせ普通の子と一緒に育ってほしいという意見と、逆になるべく小人数で丁寧に関わってもらって、もてる力を伸ばしてほしい、だからできるだけ特別支援教育を充実させたいという二極化が進んでいると思われる。

　この本質的なところは、どちらも、将来の選択肢をより多くもって自立してほし

いという想いが根底にある。しかし実は就学相談とは、障害を個人のモノとして捉える「医学モデル」での相談の場ではなく、自分の子どもがどのような環境の中で育って自立していくのかを一緒に相談していく場である。つまり、今までは「医学モデル」だけだった保護者が、人生で初めて「社会モデル（環境モデル）」を意識する場であるという視点が、保護者・担当者どちらにも明確にないところが、相談を難しくしている又は意味をあまりなさないもの、要は単なる学校判定の場にしてしまっているのではないだろうか。

　就学相談の場では、保護者が子どもの生き方に対する期待や想いを担当者に純粋に相談できる場であってほしい。しかし、保護者は障害者とされる少数派の方の将来像が想像できないので、具体的な想いを相談者にうまくぶつけられないのである。そこで何となく、地域で生活した方がよいのかな、地域の人に知ってもらった方がよいから地域の学校がよいな、とか、逆に、もっと訓練を個別にすれば自立度があがるから特別支援学級の方がよいのではないかなど、少ない情報で手探りの中で最初からゴールである「就学を希望する学校」を記載して相談をするのである。

　これは本当に、担当者にも相談者にも難しい相談の場であると思われる。そこで経験した私からの提言としては、やはり担当者がもっと成人期以降の障害者の自立の方法の具体的な知識を身に付け、保護者の「うちの子自立できますか？」の不安に対する回答の選択肢を増やすこと。また、実は就学時に決定した学校はそれが固定でなく、状況により転学は可能であることを保護者もよく知っておくこと、そして、今大切にしたい環境は何であるのか優先順位をつけておくことが大切だと思われる。

　ちなみに就学相談で、相談を十分にできなかった私がした選択は、"まずは子どもに相応しい「教育」は学校に行ってから考える"であった。

　「教育」は素人でよく分からないので、結果的には学校を特別支援学校、特別支援学級、通常の学級という括りでは選択できなかったのである。そこで、その前に、子どもに残したい一番大切な想い、それは「誰からも大切にされているという絶対的な自信をもって成長してほしい」ということ。まずはこれを叶えてくれる学校を探そうと考え、結果、宗教的背景のある私立小学校に今は通学している。しかし、就学相談とは入学時だけのものではなく、学齢期全体に生じる相談だと思っている。我が家はまだ「学校に求める本人に相応しい教育とは何であるか」の答えが出ていないのである。なので、まだまだ、就学相談は今後も続いていき、場合によっては転学もあるのだろうとも思っている。

2 就学相談から入学、そして高等部卒業を目前に、今思うこと

東京都立港特別支援学校高等部3年生
保護者　川村 智美

　重度知的障害である息子であったため、就学は特別支援学校にと決めていたので、就学相談は、特別支援学校に行くためのステップという気持ちで受けました。就学相談では、子どもにあった学びの場を決めるために、教育委員会、医療・心理の関係者など、様々な立場の方に子どもの様子を見ていただきました。その間、保護者は別の部屋で、聞き取りや希望を伝え、相談をしました。就学相談は、子どもに合った学びの場所を客観的に教えていただける機会です。そのようななか、まわりのお母さまの中には、障害が重くとも、地域の小学校に入学させたいという希望をお持ちの方もいらっしゃいました。考えてみると、支援と共に生きていく重い障害のある人ほど、小さな頃からの育ちを地域の皆さんに見てもらい、慣れてもらうことが大切なのかもしれません。しかし、感覚過敏やこだわりのある息子が、安心して学べる環境はどこなのかと考えたところ、特別支援学校が適していました。特別支援学校に行ったから、地域との交流ができないというわけではありませんでした。都立特別支援学校には副籍制度というものがあり、希望をすれば地域の小・中学校と交流することができます。コーディネーターの先生が地域の学校に出向いて、理解啓発のための出前授業を通常の学級の子どもたちにしてくれました。息子との関わり方のヒントを教えてくれたおかげで、交流をする一歩を踏み出すきっかけとなりました。また、地域の小学校の放課後子ども教室を利用することができたので、主にこちらで我が子を知ってもらう機会になりました。近所を歩いているとき、声をかけてもらえるのはうれしいものです。いろいろな支援や制度を使えば、特別支援学校に通いながらも、地域とのつながりをもつことも可能になります。お住いの地域で、子どもを受け入れる体制が整っている社会資源があるのか、リサーチしておくとよいかもしれません。就学相談では、希望する学校をなぜ選んだのか、子どもの希望も大切にしながら相談されるとよいと思います。学校公開日などを利用して様々な学校を見学しておくとイメージしやすくなるかもしれません。

　小学部での学校生活も終わりに近づいてきた頃、同じ区内での引っ越しをしま

た。特にまわりに相談することもなく、新しい地域での交流はしませんでした。小学部高学年になり体も力も大きくなると、本人に自覚や了解を得られる対応をしていかないと、動かすことも大変です。本人は見通しがもてず混乱をしているだけなのですが……。そして、新しい環境に慣れることにも時間がかかり、我々保護者も疲れてきてしまい、地域との交流はもういいか、という気持ちになりました。そんなとき、就学や転学に限らず、それぞれの家庭の小さな変化でも、気軽に相談でき、地域との橋渡しをしていただけるような取り組みもあると保護者も心強いのではないかと思います。

　また、息子は、視覚的に示すことで理解できることが増えてきました。写真やシンボルになるもの、絵カードなどを用いて、本人に伝わる、また、本人が伝えられる方法が少しずつ身に付いてくると、生活もしやすくなってきたようです。言葉や文字だけが、コミュニケーションの手段ではないことに我々保護者も気づくことができました。それぞれの子どもたちに、分かりやすい支援や環境があれば社会参加の機会も増えていくことになると思います。困っている本人に合わせた支援をしていくことが重要なのかもしれません。保護者も我が子を理解し、まわりに配慮を求めていくことも必要なのかもしれません。

　就学相談や転学相談は、人生の大イベントというイメージがありますが、気軽に何度でも相談しやすいものになるとよいのかもしれません。障害のある人たちが地域で受け入れられ、誰もが様々な学びの場を体験することができ、変化する子どもたちの状態にあったところで、いつでも学べるようになると、社会の理解も深まっていくのではないかと思います。

（令和３年３月）

3 **肢体不自由特別支援学校での就学相談の経験や考え** ～都肢P連会長の立場で～

東京都肢体不自由特別支援学校PTA連合会
東京都立村山特別支援学校PTA会長　**空岡 和代**

　東京都肢体不自由特別支援学校ＰＴＡ連合会では、都内肢体不自由特別支援学校のＰＴＡ会長を中心に、子どもたちの学校生活がより充実したものになるように、各校ＰＴＡ間で情報交換や研修を行ったり、都知事への予算要望書を提出したりしている。今回私は、肢体不自由特別支援学校に通う児童生徒の保護者の立場として、就学や転学について経験をうかがった保護者の声をもとに情報提供をしたい。

1 就学・転学のエピソード

安心して１年生になる

　ある小学部１年生に入学されたお子さんの保護者のお話を聞いた。「就学相談のときには、肢体不自由特別支援学校に入学させたいと言うと決めていました。」

　この保護者がそう決断できたのは、その日までに様々な情報を得ることができていたからである。幼少期より児童発達支援施設に通い、入学の２年前にはそこから肢体不自由特別支援学校の学校公開の情報、その学校の地域交流行事の情報を得ることができていた。そして、その学校を見学に行ったときに、コーディネーターの先生があたたかく迎えてくださったこと、行事に足を運んだときに、その学校の先生が声をかけてくださったことなど、まず保護者が不安にならない対応をしてくださったことが大きい、と話している。子どもが初めて授業体験をした折には、先生が同じ教室の児童に見せた教材を自分の子に見せてくれ、その教材を子どもがしっかり認識した瞬間を見ることができた。子どもがその学校で学ぶ姿が具体的にイメージできた瞬間だった。就学支援委員会（教育支援委員会）には、児童発達支援施設の職員、肢体不自由特別支援学校のコーディネーター、市の教育委員会職員が出席されていて、日頃携わっている先生方が就学について話してくださるのは心強かった、とも話している。

　何より、未知の世界がイメージできることが大切なのだと感じた。

肢体不自由特別支援学校から知的障害特別支援学校へ

　転学の一つのケースについて紹介したい。肢体にも知的にも障害がある場合は、特別支援学校に就学する場合でも、肢体不自由特別支援学校か知的障害特別支援学校か、どちらに就学するか悩む場合もある。幼少期から成長に伴いあらゆる機会に主治医や市の福祉関係の方、保育園の先生とも話をしていたが、どちらの部門に就学するか決めかねていた。入学前に就学支援委員会でその頃の子どもの様子から、肢体不自由特別支援学校が最適な就学先であると判断があった。その時点で、「いずれ知的障害特別支援学校へ転学することも視野に入れて」と聞いていたため、いつになるだろうと考えていた。4月から肢体不自由特別支援学校に通い苦手だったことが少しずつできるようになり、歩行も自立活動の時間を中心に取り組むことで入学前より安定してきて歩く距離も増えた。担任の先生と相談し、小学部3年のときには知的障害特別支援学校で授業体験をする機会を増やした。その際は、本人、保護者、担任の先生と学校にうかがった。それでも保護者としては入学後からの先生方の支援体制、本人の体力面、知的成長など総合的に考えると転学することを積極的に考えるには至っていなかった。体験する授業での子どもの様子を見ていても、不安な気持ちの方が大きかった。

　この保護者が就学、転学についていろいろと調べたり、市の担当者の話を聞いたりして印象に残っているのは、相談するのも決断するのも、まず保護者の意向が第一であるということだった。迷いながらでも保護者が決断しなければ先に進めない。このケースで背中を押したのは、担任との話だった。

　「この子の将来を考えたときに、先生、自分の子なら転学の道を選びますか？」と問うと、担任はしばらく考えて「私なら今、転学します。」と答えた。

　なかなか自分で決められないとき、学校で子どもと1年間を過ごしてくださった先生の一言は、響いた。転学してすぐは本人にとって難しいことも多いかもしれないが、少し背伸びをする形でも新しい環境にチャレンジしよう、と思えた。

② インクルーシブという視点

副籍交流で地域の子どもたちとつながる

　ここで、肢体不自由特別支援学校に通いながら地域の子どもたちとの交流を活発に行う例を一つ紹介したい。

　中途障害により地域の小学校から肢体不自由特別支援学校に転校することになった子どもの保護者は、本当の気持ちは地域の小学校に通わせたかった。しかし、転

学に関係する自治体の担当者や地域の学校の校長先生と話をして具体的に進めることになったとき、施設面、支援員など子どもの教育環境を整えるために、2年間は必要ということになった。2年間無駄にはしたくないので、肢体不自由特別支援学校に通う選択をした。もともと通っていた学校の友達とのつながりを大切にしたい思いが強く残った。そこで、副籍制度を活用することにした。肢体不自由特別支援学校のコーディネーターの先生、地域の校長先生、副籍先の担任の先生と保護者で密に連絡を取り、まず子どもの障害のことをクラスの子どもたちに知ってもらう授業をコーディネーターの先生、保護者で行った。子どもたちに障害についての正しい知識をもってほしい、と思ったからだ。授業が終わると、子どもたちの方から寄って来てくれた。それ以来、交流校の先生方と自ら連絡を取り、定期的に授業に参加したり地域の学校の発表の場に参加したりしている。

肢体不自由特別支援学校の中で共に生きる

肢体不自由特別支援学校には、自分の思いを表情で表すことも難しい子どもから大学進学、就職を目指す子どもまで通っている。多くの時間はそれぞれの学習グループで分かれて授業を受けているが、毎日の給食の時間に一緒に食べて定期的に学年交流の時間もある。学校の中では、声をかけた子どもに笑顔で応えたり、他の子どもの動きを見たり聞いたりして楽しむ姿が日常としてある。学年でゲームをするときには、誰もが楽しめる形に工夫されていて対等に勝負をする。

高等部3年生だった子どもの保護者が言われた。「卒業したら、コミュニケーションについて学びたいと言っているの。この学校にいると話せない子どもたちと一緒に過ごすでしょ。どんなことを考えているか、興味をもったみたい。」

肢体不自由特別支援学校の中にお互いを思い合う場、お互いに気づき合う場が溢れている。

❸ よりよい就学支援のために

選べる環境をつくる

例えば居住地の自治体のホームページから探すと、就学相談についての流れがあり、すでに子どもの状態によってカテゴリー分けされて記述されていることが多い。「○○のようなお子さんは△△支援学校」というような紹介の仕方だ。

子どもの身体や知的の状態がどのような状態でも、当たり前に地域の小学校に行きたいと考えているとき、この情報を頼りにすることはできない。簡単にカテゴリー

分けされていると、保護者としてはそこに行くしかない、という捉え方になる。子どもの状態からの就学相談という考え方ではなく、東京都で受けられる教育として通常の学校、地域の学校内の特別支援学級、都立の特別支援学校、他にもあるという形で、同じ並びで幅広く選択肢を提示するような方法もあるのではないか。特に就学前は、初めの情報から受ける印象は大切だと感じる。

就学のための情報は早いうちから

児童発達支援施設などに通って早めに就学先の情報を得られる場合はよいが、そうでなければ子どもが年長になり入学の数か月前に選択を迫られる形で就学先を決めることが多い。特に就学先に迷いがあった保護者にうかがうと、「自治体が行う3歳児健診から就学までの間が長かった」と言われる。その間保護者は、入学後の生活を思い心配と悩みが尽きなかったのだ。3歳児健診後の時期から就学までの間に、保護者の希望により身体面のみでなく、就学に向けての情報提供や支援を積極的に行う窓口があり、いつでも相談できるとよいのではないか。学校見学については、保護者が就学候補先を考えるにあたり何度も見学し、よく知る機会が増えるよう、随時受け入れをしてほしい。

就学支援委員会（教育支援委員会）の面談はチームで

肢体不自由特別支援学校に通う子どもたちは、乳幼児期から医療、福祉の分野の多くの方にお世話になっていることが多い。現在の就学支援委員会（教育支援委員会）では、保護者は1人で緊張した中、家族で決めた就学先の選択について話をしなければならない。

その場に子どものことをよく知っている医療・福祉関係者がいれば、保護者としての思いがしっかりと伝えやすくなり、保護者と違う目線から見た専門家の意見で子どもの話ができる。ここで大切なのは、子どものことをよく知っている専門家と複数で話ができるということである。希望する保護者には、就学前の不安を解消するため一つの方法であると考える。

❹ PTA としてできること ～まとめにかえて～

冒頭に書かせていただいたが、本連合会は東京都の肢体不自由特別支援学校のPTA会長を中心に活動している。今、肢体不自由特別支援学校に通っている子どもの保護者でも就学、転学については少なからず迷い、悩んで決断をしている。子ど

もの数だけその経験も多様にある。本連合会に集まっているそれぞれの経験が、就学、転学に悩んでいる保護者の気持ちを少しでも軽くする手助けにならないだろうか。

　現在東京都でも取り組まれている「ペアレントメンター」事業は、発達障害児者向けのものとなっている。「ペアレントメンター」のよさは、保護者同士の共感や様々な情報の共有ではないだろうか。さらに、多くの方に障害について知っていただくキャラバン隊の取組をしているところもある。本連合会で活動する保護者の多くも、これまで同じ経験をした保護者、同じ病気や障害のある子どもの親としてのつながりから情報を共有でき、お互いに励まし合い前向きに日々を送ることができている。そして、子どもたちが社会でいきいきと暮らすには、地域の方をはじめ、多くの方に障害についてよく知ってもらう取り組みが欠かせない、と感じている。ぜひ、本連合会が中心となり「ペアレントメンター」肢体不自由児向けのようなことができれば、という思いをもっている。

　子どもの成長を願い、そのための最適な教育は何かと考え、悩み、動いている保護者の皆さんが、前向きに新たな一歩を踏み出すことができますように。

就学・転学などに不安を感じる保護者を支える
〜ホンネを語り、気持ちを共有〜

一般社団法人日本自閉症協会
事務局長　大岡 千恵子

❶ 不安を支える親の会や先輩保護者の存在

　保護者の多くは、通常の学級での教育を受けた経験しかない方です。そのため、障害のあるお子さんの教育の場のイメージがつかみにくいということがあるのではないかと思われます。そして、お子さんが就学後どのように学び、将来、5年後10年後、さらには親亡き後までの長い人生はいったいどうなるのだろうといった、お子さんの将来像について想像がつきにくいということもあります。

　同じ自閉症のお子さんを持つ親同士のつながり、そしてこれまで経験してきたことをホンネで語る先輩保護者の存在は大きいといえます。各地域の自閉症協会は、同じ障害を持つ子どもの親同士で悩みを共有したいと親たちを中心に設立されてきました。地区ごとにさらに細分化されているところもあります。全てではありなせんが、学齢期の保護者対象の茶話会、関係者を招いての情報交換会などの活動をしている協会もあります。また、協会での活動以外にも、地域の親の会や、情報交換会などが開催されています。資源に地域差があるため、地域でのこうした支えは大切です。

　就学という大きな節目を、そっと背中を押し、気持ちを支えてもらった経験は、続く保護者のためにも役に立ち、次の世代にもつながっていきます。

　先輩保護者の役割について、ある保護者の方はこう表現されています。

　「正しい情報や正解を教えてあげることももちろん大切ですが、それよりも、悩みに寄り添ってあげること『でも大丈夫、きちんと育ちますから』と言ってあげることかなとも思うのです。」

❷ 保護者はどんなことに不安を感じているか

　多くの保護者が知りたいことは、ホンネでの情報です。地域やお子さんの状況によってその内容はそれぞれであり、不安と思われることも多岐にわたります。実際にご相談に対応した先輩保護者から、どのような相談があったのか挙げていただき

ました。また一部についてはやり取りを紹介します。

　よくあるご質問は、「どのように進学先を選択したのか。その結果どうだったのか」ですが、地域の各学校、学級の評判、支援が必要な子への理解度はどうなのかも、皆さんの関心のあるところです。

【就学先について　不安を感じていること、知りたいこと】

≪特別支援学校か、特別支援学級かで迷っている≫
・特別支援学級、特別支援学校のその先の進路（中学、高校、大学行けるのか、就職はどうなるのか、どんな大人になるのか）
・（特別支援学級の場合）通常の学級との交流はどれくらいあるのか
・途中で通常の学級に転学することはできるか
・該当学年並みの学力を維持することはできるか、フォローはどうするか
・将来を見据えてどの学校を選べばいいのか。どんなことを身に付ければいいのか

≪特別支援学級か、通常の学級かで迷っている≫
≪通常の学級に就学するが、通級を利用するべきかどうか迷っている≫
・通常の学級を選んだ場合、在籍学級での支援や配慮はどれくらいしてもらえるのか
・親がどういうフォローをすればよいか
・途中で特別支援学級に転入する場合、いつ頃がいいか、どんな状況になったら考えるべきか
・通級による指導とはどのようなものか
・就学相談の判定が保護者の希望と違う場合どうするのか

≪中学・高校進学時に知りたいこと≫
・中学で特別支援学級を選択した場合、高校進学時、通常の学級の子たちと同様に推薦してもらえるのか。受験に配慮はしてもらえるのか
・高校に特別支援学級などはあるのか

【生活や家族についての不安】

・校内通級で在籍学級の授業を抜けることでいじめられることはないのか
・兄弟が特別支援学級にいるといじめられるのではないか
・祖父母や父親が特別支援学級（学校）に行くことに反対しているがどうすればよいか

【将来・生活設計についての不安】

・この先、仕事はあるのか、就職はできるのか
・どういった仕事があるのか、給料は充分なのか
・将来に向けて子どもの頃からやっておくことはあるか
・卒業後どんなお仕事についているのか。勤務は継続しているのか
・障害者年金を将来受給できるかどうか
・医療機関との関わり方はどうすればよいか

【就学以前にも必要な情報】

・特別支援学校、特別支援学級、通常の学級の違いがまだよく分からない、子どもがどれに適しているか分からない方（まだお子さんが小さい方）へのそれぞれの進学先の指導内容の違い

【先輩保護者への相談と対応例】

Q：全てにおいて心配なことばかりなのですが、中学校の特別支援学級ってどんな感じでしょうか。

A：ある地域の中学校の特別支援学級の保護者からの情報です。

「知的障害」と「情緒障害」別にクラスが分かれています。全体での活動もありますが一応クラスは2つに分かれています。全体の雰囲気は小学校の特別支援学級よりずっと落ち着いた感じです。先生方は子どもの様子に合わせて支援して下さいますので面談などでよく話をし、交流や様々な活動などもその子に合わせて決めています。毎日の様子は連絡帳を通してやり取りしています。友達も様々ですが、休み時間などは皆で遊んで過ごしているようです。

保護者としては、小学生の時ほど学校に足を運ばなくなったので、詳しくは分かりませんが、子どもの様子から見て、安心して通えているようです。

Q：将来の就職を考えると、小学校から特別支援学校の方がよいですか。就職されている方の保護者の経験をうかがいたいです。

A：学校については、「その時点でその子にちょうどよいと思う学校」がベストです。ある卒業生のお母さんから、一番してはいけないことは、「将来のため」と思って無理なことをさせてしまうことだ、という意見がありました。また障害のある子の場合、技術的なことは、実際に働く環境で身に付けた方がうまくいく、と多くのお母さんが言っています。

将来を見据えて身に付けておくべきことは、「自分はこうしたい」「自分はこれが苦手（つらい）」「自分はこうしてもらえると仕事がしやすい」といった、自分に対する配慮を適切に伝えられるスキルを身に付けることです。

自分の「トリセツ（取り扱い説明書）」を伝えられるようにしておくことが、学校生活で習得すべき一番重要なポイントです。また、どの学校に進学しても、「その子のことを理解しようとしてくれる先生」を見つけることが大切です。

Q：まだ小学校低学年ですが、将来に向けて少しずつ準備をしたいと思っています。子どもの頃からやっておいてよかったことはありますか。

A：周囲をお子さんが分かりやすいような環境にしておく。具体的には、言葉だけで伝えるのではなく、本人に分かる文字・絵・写真など、目でみて分かりやすいものを用意する。本人の身の回りのものは奥にしまいこまないで、本人がぱっと見て分かるところに並べておくのもよいと思います。

その上で、暴力や破壊行動など、何かを傷つける方法でなければどんな方法でもよいので、「自分はこうしたいんだ」「自分はこれを選びたいんだ」という自分の意思を相手に伝えられるようにしておく。

「子どもを変える」のではなく、「子どもが決めたり選んだり行動しやすいよう、まわりの環境を変えておく」という意識が大切です。そうすると子どもに自己達成感が生まれ、自信が生まれます。やろうとしているのにできなくて自己否定感を持ってしまうのが一番よくありません。

子どもや親が何か困ったり悩んだりしたときに、気軽に相談できる場所や人とつながっておく。また、子どもの「余暇」の場や手段を入手しておくことも非常に重要です。

Q：情報がいっぱいでいったい何が大事かが分からなくなっています。

A：大切なのことは、環境が変わっても大丈夫なレジリアンスを育ててあげること、そのためには学校以外にも居場所を作ってあげたり、何よりも家庭が安心していられる場所であるように、お母さんの情緒が安定することが一番ですよ。

5

保護者の思いに寄り添った就学相談の在り方
～ペアレント・メンターの視点から～

NPO 法人全国 LD 親の会
副理事長　**多久島 睦美**

❶ はじめに ～全国 LD 親の会とは～

　NPO 法人全国 LD 親の会は、LD（学習障害）など発達障害のある子どもをもつ保護者の会の全国組織である。1990 年 2 月に活動を始め、33 都道府県の 40 団体、約 2,200 名の会員が所属している（2020 年 6 月現在）。LD などの発達障害のある人が自立した豊かな社会生活を送ることを目指し、LD・ADHD・自閉スペクトラム症など様々な発達障害の仲間が一緒に活動している。

❷ 保護者として就学相談に望むこと

相談しやすい環境づくり

　発達障害について早期診断が進んでいるが、小学校の就学時には未診断というケースも多く、保護者は心配なことがあっても自ら学校や教育センターへ相談に出向くにはかなり勇気が必要である。積極的に就学相談の窓口等の情報を保護者に発信し、就学支援のしくみや特別支援教育の制度について丁寧に説明することで、相談へのハードルが低くなる。例えば、就学時健診の際に、特別支援教育についての学校の取組やインクルーシブ教育の理念についての説明があると、保護者は相談しやすくなると思われる。

就学をひかえた保護者の心情

　保護者は、幼い我が子の障害についての専門知識もなく、対応方法も手探り状態で苦悩している。乳幼児期から育てにくさがあり、母親自身が子育ての自信を失くしていたり、精神的に不安定になっている場合もある。母親が子どもの困難さに気づいていても、家族（夫や義父母）が障害を認めないケースや、子ども同士のトラブルがあって地域で孤立しているケースもある。就学相談では、子どもの特性や対応方法が中心に相談が進められるが、「家族支援」という視点があると、保護者の

気持ちは大きく変わる。

具体的な支援・障害受容について

　就学相談では、「通常の学級に進むか、特別支援学級に進むか」という学籍の相談が中心となるが、保護者が主体的に選択できるよう、入学後の通常の学級でできる配慮と支援学級でできる支援について、具体的な支援内容を含めた相談であってほしい。就学相談は、学校と保護者の信頼関係を築く入口であり、就学相談から入学後の具体的な支援へと確実につなげることが本来の目的だからである。

　また、診断を受けている場合であっても、まだまだ障害を受け入れられていない場合も多い。「勉強についていけないから」「健常の子より劣っているから」という思いで特別支援学級を選択するのではなく、「子どもにとって、よりよい教育が受けられる場」「子どもの能力を発揮できる場」として、保護者が前向きに選択できるようにしたい。特に、特別支援学級を選択することで保護者が障害受容を強いられることのないよう、十分な配慮が必要である。

中学校の就学相談について

　中学校進学の際の就学相談では、障害者手帳を取得しているか否かによって、卒業後の進路の見通しも重要な相談内容となる。特別支援学級からの進学先が限定されてしまう心配から、特別支援学級への入学を躊躇するケースもある。特別支援学級から一般の高等学校や専修学校に進む手立ての説明があると、保護者も子どもの進路について見通しを持つことができる。

❸ ペアレント・メンター活動について

ペアレント・メンターとは

　ペアレント・メンターとは、自らも発達障害のある子育てを経験し、かつ相談支援に関する一定のトレーニングを受けた親を指す。メンターは、同じような発達障害のある子どもをもつ親に対して、共感的なサポートを行い、地域の社会資源についての情報を提供することができる。高い共感性に基づくメンターによる支援は、専門家による支援とは違った効果があることが指摘され、厚生労働省においても有効な家族支援システムとして推奨されている。

　2010年より厚生労働省がペアレント・メンター養成を「発達障害者支援体制整備事業」として位置付けたことを契機に、都道府県や政令指定都市、発達障害者支援

センターと地域の自閉症協会や発達障害関連の親の会が協力してペアレント・メンター活動に取り組んでいる（引用：特定非営利活動法人 日本ペアレント・メンター研究会 HP より）。

ペアレント・メンターとしての相談

　就学についての相談では、「特別支援学級・通常の学級のどちらを選択したらよいか？」という相談も多い。相談の中で相談者の思いに共感しながら、実際に見学してみることや、どちらに籍を置くのかということだけでなく、それぞれの学級でどのような支援・配慮が受けられるのか、具体的な支援体制についても確認することを勧めている。保護者は「入学までに名前くらい書けるようにしなくては」「集団活動についていけるだろうか」等、様々な焦りや不安を抱えているが、「お子さんが『学校は楽しいところ。入学するのが楽しみ』と思えるように接してあげてほしい」とアドバイスしている。

　入学後の環境の変化によって、子どもの状態が変わったり、実際に授業を受けてみて、初めていろいろな課題が見つかることもある。学習面だけでなく、姿勢を保つ（きちんと座る）、整理整頓、順番を守るといった基本的なことにも課題がある。「どうすれば文字が書けるようになるのか」「どうしたら落ち着かせられるのか」といった、問題行動を矯正することに気を取られがちだが、子どものよいところを見つけ、親子関係をよくするような関わり方を一緒に考えていくことが重要と考えている。

<相談事例>
　「就学予定の小学校へ見学（相談）にいったところ、期待したような対応をしてもらえなかったので、他に発達障害に理解があり、きちんと支援してもらえる学校があれば、越境入学もしくは転居したい」との相談を受けた。保護者の不安な気持ちや「子どもの自己肯定感を下げたり、二次障害になることだけは絶対に避けたい」との思いを聴き、受けとめた。「不信感や先入観をもたず、学校と何回も相談してみてはどうか」とアドバイスした上で、利用している児童発達支援事業所を通して、地元の子ども発達支援センター（相談部門）につなげることができた。子ども発達支援センターにて、発達検査の結果をもとに個別の支援計画を作成していただくことができ、保護者にとっても我が子の特性や課題を再確認するよい機会になった。

④ 将来を見据えて ～全国LD親の会会員調査より～

　全国LD親の会では、2016年度に18歳以上の子どもをもつ会員を対象に、「教育から就業への移行実態調査」を実施した。中学校・高校での状況や就労に至る進路・支援制度の利用状況等についてアンケート調査を行い、29都道府県629名の会員から回答を得た。アンケートのデータをもとに、発達障害の子どもたちの将来の姿を考えてみたい。

■資料１＜障害者手帳の取得率・取得時期＞

　障害者手帳・判定書を取得している人は年々増加しており、2016年の会員調査では、18歳以上の子ども全体の73.6％であった（障害者手帳・判定書を所持している人のうち、療育手帳を取得している人は66％、精神障害者保健福祉手帳を取得している人は32％であった）。

　また、障害者手帳・判定の取得時期は、療育手帳は「18歳未満が61％」と18歳未満が多いのに対し、精神障害者保健福祉手帳は「18歳以上が81％」と圧倒的に18歳以上での取得が多くなっている。学校では何とか適応できても、就職活動で困難をきたしたり、就職後に不適応を起こして精神障害者保健福祉手帳を取得するケースが多いことが分かる。

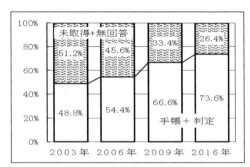

「手帳＋判定」取得比率推移
（全国LD親の会会員調査より）

■資料２＜中学校卒業後の進路＞

　2016年の会員調査において、義務教育後の進学先の学校種別は、高等学校普通科57.4％、高等学校専門学科9.9％、特別支援学校高等部9.1％の順であった。特別支援学校高等部・高等特別支援学校への進学は15.7％で、発達障害の子どもの多くが一般の高等学校・専修学校等に進学している。また、高等教育（大学・短大・専門学校等）への進学者は57.1％で5割を超えている。

中学校卒業後の進路
（全国LD親の会会員調査，2016年）

	人数	比率
高等学校普通科	361	57.4%
高等学校専門学科	62	9.9%
高等学校総合学科	25	4.0%
特別支援学校高等部	57	9.1%
高等特別支援学校	42	6.7%
高等専門学校	10	1.6%
高等専修学校	40	6.4%
各種学校	4	0.6%
フリースクール	6	1.0%
その他	9	1.4%
無回答	13	2.1%
計	629	100.0%

⑤ おわりに

　発達障害の子どもは、義務教育期間に障害者手帳を取得していないケースも多く、一般の高等学校・大学に進学している。場合によっては、障害に気づかれず支援を受けないまま成人し、大人になってから診断を受ける、いわゆる「大人の発達障害」も社会問題となっている。

　就学相談では、子どもの将来を見据えて、子どもの特性に合った支援と学びの場を選択できるよう、丁寧な相談が大切だと考えている。

第6章

就学相談・転学相談
Q & A

Q1 改正前の「認定就学者」と現在の「認定特別支援学校就学者」の違いを教えてください。

A 平成25年9月1日に施行された「学校教育法施行令の一部を改正する政令」（平成25年政令第244号）において、視覚障害者、聴覚障害者、知的障害者、肢体不自由者又は病弱者で、その障害が学校教育法施行令（昭和28年政令340号）の第22条の3の表に規定する程度の児童生徒等（以下、「視覚障害者等」という）は、特別支援学校へ原則就学するという従来の就学先決定の仕組みから、障害の状態、本人の教育的ニーズ、本人・保護者の意見、教育学、医学、心理学等専門的見地からの意見、学校や地域の状況を踏まえ、総合的な観点から就学先を決定する仕組みに改められました。

認定就学者は、視覚障害者等が原則特別支援学校に就学するという改正前の仕組みの中で、就学基準（学校教育法施行令第22条の3）に該当し、特別支援学校への就学の対象者であっても、当該児童生徒の就学環境に係る諸事情を総合的に考慮し、小・中学校において適切な教育を受けることができる特別な事情があると認める者のことをいいます。

認定特別支援学校就学者とは、改正後の新たな仕組みの中で、視覚障害者等のうち、当該市区町村教育委員会が、その者の障害の状態、その他教育上必要な支援の内容、地域における教育の体制の整備の状況、その他の事情を勘案して、その住所の存ずる都道府県の設置する特別支援学校に就学させることが適当であると認めた者のことをいいます。

認定特別支援学校就学者については、原則、障害のある子どもの就学先は小・中学校となりますが、総合的に判断した結果、特別に特別支援学校に就学させるという考えに基づいていることに留意しなければなりません。

Q2 障害のある外国籍の子どもの就学相談の留意点を教えてください。

A 　我が国では、外国人の子どもの保護者に対する就学義務はありませんが、公立の義務教育諸学校へ就学を希望する場合には、国際人権規約等も踏まえ、その子どもを日本人児童生徒と同様に無償で受け入れています。

　教育委員会においては、学齢の外国人の子どもが就学の機会を逸することのないよう、外国人の子どもの就学についての広報・説明を行い、公立の義務教育諸学校への入学が可能であることを案内するとともに、住民基本台帳の情報に基づいて、公立の義務教育諸学校への入学手続等を記載した就学案内を通知することが必要となります。

　また、障害のある外国人の子どもの就学先の決定に当たっては、教育委員会において、日本国籍を有する子どもと同様に、障害の状態、本人の教育的ニーズ、本人や保護者の意見、教育学、医学、心理学等専門的見地からの意見、学校や地域の状況等を踏まえた総合的な観点から判断することとなります。その際、言語、教育制度や文化的背景が異なることに留意し、本人や保護者に丁寧に説明し、十分な理解を得ることが重要です。

　受入れ学年の決定については、特に日本語でのコミュニケーション能力の欠如や、日本と外国とで学習内容・順序が異なること等により、相当学年への就学に必要な条件を著しく欠くなど、ただちに年齢相当学年の教育を受けることが適切でないと認められるときは、一時的又は正式に下学年への入学を認める取扱いとすることが可能であることから、学校においては、外国人の子どもの学力や日本語能力等を適宜判断し、必要に応じこのような取扱いを講じることが必要となります。なお、外国において我が国よりも義務教育期間が短いために９年間の義務教育を修了していない場合は、学齢期であれば、本人が希望すれば年齢相当の学年への編入学が可能であることに留意する必要があります。

【引用・参考文献】
文部科学省「外国人の子供の就学の促進及び就学状況の把握等について（通知）」（30 文科教第 582 号）（平成 31 年 3 月 15 日）
文部科学省ホームページ「外国人の子等の就学に関する手続について」

Q 3 重複障害がある子どもの就学先決定に関する留意点は何ですか。また、就学先決定が難しい相談に対する就学相談担当者の基本的な対応について教えてください。

A 学校教育法第72条において、「特別支援学校は、視覚障害者、聴覚障害者、知的障害者、肢体不自由者又は病弱者（身体虚弱者を含む。以下同じ。）に対して、幼稚園、小学校、中学校又は高等学校に準ずる教育を施すと(以下略)」と障害種別が示されています。また同法第81条第2項において「小学校、中学校、高等学校及び中等教育学校には、次の各号のいずれかに該当する児童及び生徒のために、特別支援学級を置くことができる。」として、「知的障害者、肢体不自由者、身体虚弱者、弱視者、難聴者、その他障害のある者で、特別支援学級において教育を行うことが適当なもの」と障害種別を示しています。さらに、同法施行規則第140条で特別の教育課程によることができる障害として、言語障害者、自閉症者、情緒障害者、弱視者、難聴者、学習障害者、注意欠陥多動性障害者、その他障害のある者で、この条の規定により特別の教育課程による教育を行うことが適当なもの、を示しています。

重複障害がある子どもの就学といった就学先決定が難しい相談に対する就学相談担当者の基本的な対応は、就学相談の段階では、環境も含め「どの障害種別等の教育課程で本人が一番伸びるか」と、「どの障害種別等の学校や学級（以下、「学校等」という）の障害への配慮が本人に一番必要か」の視点です。どちらかではなく両方の必要性を考えながら最も適した学びの場はどこかを、本人を中心として保護者や学校等とともに相談することが大切です。その際にはっきりと、該当の子どもに対し各障害種別の学校等でできることとできないこと、想定される学びの積み重ねや限界等を提示し、合意形成を図っていくことを心掛けることが重要となります。

各障害種別の学校等では、他の障害種別の学校等の詳しい教育課程や配慮を把握することが難しいことが多く、学校等で他の障害種別への就学との比較検討が難しいことがあります。そのことから、保護者や学校等が、本人の入学後も入学先が適切な就学先ではないとの意識をもってしまうことや、就学の段階で学校等と保護者が円滑な相談を経て信頼関係を構築できていないことで、他の障害種別の学校等への転学や進学への保護者との合意形成を図る際に困難が生じてしまうこともあります。

重複障害のある子どもの障害の状態、教育上必要な支援の内容、地域における教育の体制の整備の状況その他の事情を、保護者と学校等で見解が相違していても、認め合い納得できる相談を行い、信頼関係を構築することが求められます。

保護者が小学校卒業を機に特別支援学校中学部への就学を望んでいる場合の、学校としての対応について教えてください。

　　児童が在校している小学校は、本人・保護者に対して就学相談の流れや域内の学校の教育内容・方法、教育環境等に関する情報等を分かりやすく提供することが重要です。

　また、障害のある子どもについては、学校に加え、放課後等デイサービス等の放課後支援機関で過ごす時間もあることから、児童が在籍している小学校は、普段から放課後等デイサービスの事業者等との情報共有が図られるように連携を図ることも、継続的な教育相談を行う上で有用です。

　市区町村教育委員会は、就学を希望する特別支援学校の学校公開や学校見学、授業体験等を計画する必要があります。授業体験等は、本人や保護者が学びの場を検討する上で、情報を得ることのできる重要な機会です。それぞれの機会において、学校（教員）からの情報提供だけでなく、在校する生徒の保護者の協力を得て、保護者の視点からの情報提供を積極的に行うなど、多面的かつ保護者の視点からの適切な情報提供を行うことが重要です。

　なお、就学相談は市区町村教育委員会が担当することから、学校見学実施後の相談の進め方や手続については、市区町村教育委員会の担当者が行うことに留意する必要があります。

　小学校から特別支援学校中学部への就学相談においても、学校教育法施行令第18条の2により、保護者及び専門家からの意見聴取を行わなければならないことに留意する必要があります。

　保護者に対し、特別支援学校中学部への就学における調査・検討のプロセスの透明性を確保し、学びの場の決定について十分な説明責任を果たすことが重要です。

　あわせて、教育支援委員会等において保護者が意見表明する機会を確保します。保護者の意見を十分に聴き取れる就学相談のシステムを構築していくことが大切です。

Q 5 保護者が特別支援学校小学部卒業を機に中学校への就学を望んでいる場合の、学校としての対応について教えてください。

A 　児童が在校をしている特別支援学校小学部を設置している学校の校長は、保護者と十分な話し合いを行い、地域の中学校（特別支援学級を含む）への就学の意思を確認することから始まります。その上で、その障害の状態等の変化により中学校への就学が適当であると思料する場合においては、当該の特別支援学校の校長は、その旨を、特別支援学校の設置者である教育委員会を経由して中学校の設置者である市区町村教育委員会へ通知を行います。市区町村教育委員会は、当該児童の就学相談を実施し、教育支援員会にて中学校への就学が適当であると総合的に勘案して就学先が決定となります。

　児童が在校している特別支援学校小学部では、学校見学、授業体験等の機会を計画する必要があります。これらは、当該児童や保護者が学びの場を検討する上で、情報を得ることのできる重要な機会になるだけでなく、小学校と異なる、教科担任制による指導を経験する機会となります。

　就学を予定している中学校においては、校長、副校長・教頭、特別支援教育コーディネーター、教育相談担当教員等からなる校内委員会などの相談支援体制を整備し、就学後の生徒の学校への適応状況や障害の状態等の改善の様子等を的確に把握することが重要です。就学後の経過観察が必要な生徒に対しては、本人及び保護者との信頼関係を保ちながら、相談活動を継続していく必要があります。

小・中学校に在籍している障害のある子どもの保護者から、年度途中に特別支援学校に転校させたいと相談を受けました。具体的な配慮事項を教えてください。

　　　小・中学校と特別支援学校間での転学相談は、校長の思料により開始される。ケースとして、小中学校等に在学する障害のある児童生徒について、その障害の状態等の変化により、小・中学校等に就学させることが適当でなくなったと思料する場合や小・中学校等に在学する児童生徒が新たに視覚障害者等となった場合が考えられます。

　校長は、本人・保護者の教育的ニーズや障害の状態等を十分に把握した上で、校内委員会等で特別支援学校への転学について検討し、転学が適当であると判断した場合、速やかに市区町村教育委員会へ通知しなければなりません。

　なお、以下の点を十分に配慮した上で手続きを進める必要があります。

（1）年度途中の転学の適時性の考慮

　転学については、原則、年度替わりに行うことが適当です。

　しかし、年度途中の転学が必要な場合もあります。その場合、適時性に配慮し、長期休業明けの学期始め等の時期に転学できるよう、転出先予定校や市区町村教育委員会、都道府県教育委員会と十分に連携することが重要です。

（2）学校見学・体験授業の機会の確保

　特別支援学校への転学を進める場合、できる限り転出先の特別支援学校での学校見学や体験授業を行うことは、転学後の支援を受け入れ校が引き継ぐ上でも必要です。その場合、校長は、市区町村教育委員会を通じて、都道府県教育委員会及び転出予定校である特別支援学校に依頼する必要があります。

（3）小学校第1学年の就学相談が継続していたケース

　小学校第1学年に就学する際の就学相談において特別支援学校への就学が適当かの判断が難しく、結果、小学校へ就学し市区町村教育委員会による継続相談が行われているケースも少なくありません。その場合、小学校、市区町村教育委員会、都道府県教育委員会、特別支援学校がある程度情報を共有しています。

　しかし、本人・保護者の心情や転学を申し出た背景を十分に留意し、早急な転学を進めるのではなく、十分な教育的ニーズの把握や引き継ぎ事項等の確認を行う必要があります。

Q7 特別支援学校に在籍している障害のある子どもの保護者から、年度途中に小・中学校に転校させたいと相談を受けました。具体的な配慮事項を教えてください。

A 　特別支援学校から小・中学校への年度途中の転学については、基本的に小・中学校から特別支援学校への転学の場合と同様の手続きや配慮を有します。

　　　小・中学校への年度途中の転学が適当と特別支援学校の校長が思料した場合、都道府県教育委員会を通じて、速やかに市区町村教育委員会へ通知する必要があります。

　ケースとしては、障害の状態の変化により小・中学校で教育を受けることが適当と思料する場合や、地域の小・中学校における特別支援学級の整備（肢体不自由特別支援学級の新規開設等）により小・中学校で教育を受けることが適当であると思料する場合、保護者の意向の変化等様々です。

　しかし、転学は現在在籍している学校の当該学年の教育課程の学習が修了する年度替わりに行うことが望ましいという面もあり、特別支援学校の校長は、保護者の意向を十分に把握した上で年度途中の転学について判断することが求められます。

　また、校長は、申し出のあった当該児童・生徒の小・中学校での交流及び共同学習の様子や障害の状態、地域の小・中学校における教育環境整備の状況等についても十分に把握しておかなければなりません。

　そのために、校内委員会で特別支援教育コーディネーターや学級担任等からも意見を聴きとり、保護者の意向等と合わせて総合的に判断することが重要です。

　この判断で最も重要な点は、「子どもが、授業内容が分かり学習活動に参加している実感・達成感を持ちながら、充実した時間を過ごしつつ、生きる力を身に付けていけるかどうか」であることを踏まえる必要があります。

　なお、転学の最終的な可否については、転学先の小・中学校の設置者である市区町村教育委員会の責任と権限の下、市区町村教育委員会が設置する教育支援委員会等において専門家の意見も踏まえ判断されます。

　このことを保護者に対しては事前に説明し、納得を得ておくことも必要です。

Q8 保護者に対する就学相談等に関するガイダンスや情報提供に関して有効な方法等があれば教えてください。

A 　就学相談等では、円滑な就学先決定のプロセスをたどるために、本格的な就学期の相談が開始される以前の適切な時期に、就学先決定についての手続の流れや就学先決定後も柔軟に転学できることなどについて、本人・保護者に対してあらかじめ就学に関するガイダンス（就学相談の概要と流れ、今後の予定等の説明）を行うことが必要です。

　就学相談等に関するガイダンスの内容としては、保護者が子どもの健康、学習、発達、成長という観点を最優先する立場で就学先決定の話し合いに臨むことができること、子どもの可能性を最大限伸長するための就学先決定であることを伝え、保護者が安心して就学相談に臨むことができるようにすることが大切です。また、域内の学校（通常の学級、通級による指導、特別支援学級、特別支援学校）や支援のための資源の状況、入学までのスケジュール等を分かりやすく伝え、保護者の就学相談に対する主体性を引き出すことが大切です。

　就学相談等に関するガイダンス実施上の留意点としては、ガイダンスと就学相談が同時に行われることもありますが、市区町村によっては、年度当初にガイダンスの機会を設定し、保護者が見通しをもって就学先決定のための相談に応じることができるように体制を整えているところもあります。具体の就学の検討の開始に先立って、保護者に対して全体的な事務手続の流れや就学相談や学校見学・体験入学等のスケジュール、また、就学先について意見聴取が行われること、実際の就学先決定後も障害の状態等を踏まえ柔軟に転学が可能であることなどを伝え、その理解を促すことがガイダンスのポイントであり、円滑な手続の実施に欠かせないプロセスとして、ガイダンスの充実を図ることが重要です。

　必要な情報にアクセスするために、ホームページやパンフレットによる周知、就学前の乳幼児健康診査時の情報提供、説明会や研修会の開催、動画による情報提供、電話やメール等による相談の受付、先輩の保護者の経験から学ぶ機会の設定等が考えられます。説明会や研修会では、就学前機関や小・中学校からの要請に応える形や、就学相談以外を取り扱う内容の開催に合わせて情報提供することも有効な手立てと考えられます。最近ではインターネットを介した個別の相談を設定している場合やSNSの利用等もあり、多くの人数に対する一方向の情報提供から、小人数や個別に対する双方向の情報提供の機会を組み合わせることも考えられます。

Q9 特別支援学級及び通級による指導、通常の学級、いずれの場が教育の場としてふさわしいかの判断にあたっての留意点は何ですか。

 特別支援学校が対象とする障害の程度は、学校教育法施行令第22条の3で決められています。

一方、特別支援学級や通級による指導の対象とする障害の程度は、平成25年10月4日に文部科学省が、各都道県・指定都市教育委員会教育長宛に発出した「障害のある児童生徒等に対する早期からの一貫した支援について（通知）（平成25年10月4日25文科初第756号)に記載さているだけです。また、自閉症者、言語障害者、学習障害者、注意欠陥多動性障害者は、各障害が重なり合うところがあります。さらに、障害のある児童生徒が通常学級に在籍し、特別な支援を受けながら学習をすすめる特別支援教育体制の構築は進んでいます。

このことを踏まえ、最も相応しい学習の場面を決定するためには、次の点に留意する必要があります。

平成25年756号通知で示された本人・保護者の意向を可能な限り尊重することを踏まえること、教育、福祉、医療等の関係者や、教育学や心理学の専門家等の様々な関係者による多角的・客観的な判断を行うこと、必要に応じて、都道府県教育委員会や特別支援学校の専門的助言等を得ることです。

また、「教育支援資料」(平成25年10月)に各障害の教育的ニーズや必要な指導内容、合理的配慮の観点が詳細に記載されているので、判断のための指標になると考えます。

特段、教育支援資料では、各障害種別に、特別支援学級、通級による指導、通常の学級での提供可能な教育機能の例が詳細に記載されています。最も相応しい学習の場面の決定は、一人一人の子どもの教育的ニーズに最も応じた支援・指導ができる場を選ぶことであるため、子どもも教育的ニーズと教育支援資料に示された教育的機能の例とのマッチングを検討することが大切です。

さらに、どの学級に就学するにしても、就学後にどのような合理的配慮を提供するかについても、保護者とよく相談しておく必要があります。加えて、特別支援学級と通常の学級については、固定された学びの場ではなく、児童生徒の状況の変化によっては、柔軟な転級を行うこと、通級の指導については、開始・終了を柔軟に行うことを踏まえた相談が必要です。

障害者基本法第16条第1項に「教育」について示されていますが、その解釈について教えてください。

障害者基本法第16条第1項には以下のことが明示されており、主に3つの内容が示されています。

　「国及び地方公共団体は、障害者が、その年齢及び能力に応じ、かつ、その特性を踏まえた十分な教育が受けられるようにする[※1]ため、可能な限り障害者である児童及び生徒が障害者でない児童及び生徒と共に教育を受けるよう配慮[※2]しつつ、教育の内容及び方法の改善及び充実を図る等必要な施策を講じなければならない[※3]。」

（下線は筆者）

　上記条文において、まず[※1]に示すように「障害者が、その年齢及び能力に応じ、かつ、その特性を踏まえた十分な教育が受けられるようにする」の部分は、いわば国及び地方公共団体に課せられた義務であると言えます。

　また、[※2]の「可能な限り障害者である児童及び生徒が障害者でない児童及び生徒と共に教育を受けるよう配慮」は、配慮事項であり、目指す方向と言えます。

　そして、[※3]の「教育の内容及び方法の改善及び充実を図る等必要な施策を講じなければならない」は、国及び地方公共団体は、義務の実現のため、合理的配慮の基礎となる基礎的環境整備を図らなければならないことを示しています。

資　料

就学相談・転学相談を進める上での法的根拠等

法令

■学校教育法

第2章　義務教育

　　第16条　第17条　第18条

第4章　小学校

　　第29条　第30条　第32条　第36条

第6章　高等学校

　　第50条　第51条　第56条　第57条

第8章　特別支援教育

　　第72条　第73条　第74条　第75条　第76条　第77条　第78条　第80条

　　第81条　第82条

■学校教育法施行令

第1節　学齢簿

第2節　小学校、中学校、義務教育学校及び中等教育学校

第3節　特別支援学校

第4節　督促等

第5節　就学義務の終了

■学校教育法施行規則

第2章　義務教育

　　第30条　第31条　第34条　第35条

第8章　特別支援教育

　　第118条　第119条　第120条　第121条　第122条　第124条　第125条

　　第126条　第127条　第128条　第129条　第130条　第131条　第132条

　　第133条　第134条　第135条　第136条　第137条　第138条　第139条

　　第140条　第141条

通知

- 17 文科初第 1177 号（平成 18 年 3 月 31 日）学校教育法施行規則の一部改正について（通知）
- 17 文科初第 1178 号（平成 18 年 3 月 31 日）通級による指導の対象とすることが適当な自閉症者、情緒障害者、学習障害者又は注意欠陥多動性障害者に該当する児童生徒について（通知）
- 17 文科初第 1138 号（平成 18 年 3 月 30 日）学校教育法施行規則の一部を改正する省令等及び学校教育法施行令第 8 条に基づく就学校の変更の取扱いについて（通知）
- 19 文科初第 125 号（平成 19 年 4 月 1 日）特別支援教育の推進について（通知）
- 23 文科初第 626 号（平成 23 年 8 月 5 日）障害者基本法の一部を改正する法律の公布・施行について（通知）
- 25 文科初第 655 号（平成 25 年 9 月 1 日）学校教育法施行例の一部改正について（通知）
- 25 文科初第 756 号（平成 25 年 10 月 4 日）障害のある児童生徒等に対する早期からの一貫した支援について（通知）
- 28 文科初第 1038 号（平成 28 年 12 月 9 日）学校教育法施行規則の一部を改正する省令等の公布について（通知）
- 30 文科初第 756 号（平成 30 年 8 月 27 日）学校教育法施行規則の一部を改正する省令の施行について（通知）

あとがき

　『インクルーシブ教育システム時代の就学相談・転学相談 〜一人一人に応じた学びの実現を目指して〜』と題した本書は、就学指導・支援の実務にきわめて造詣の深い方々を中心に、ここ約20年の国及び自治体の就学相談・転学相談に関する動向を念頭に置いて出版を企画・立案したもので、これまでの推進連盟としてはいささか趣を異にした図書であるともいえる。まずは、企画・立案に携わってくださった市川・緒方両校長先生に感謝申し上げたい。

　第1章「インクルーシブ教育システム時代の就学相談・転学相談」では、ここ20年間の国の動向を踏まえた就学相談・転学相談の考え方の変遷とインクルーシブ教育システムにおけるこれからの就学相談・転学相談の在り方について。第2章「就学相談の実際」では、就学相談の概要、就学相談に関する具体的取組及びポイント、市区町村教育委員会及び都道府県教育委員会の役割、学校の役割、就学前機関の役割、就学先決定での配慮事項、各障害別の相談のポイントなど。第3章「インクルーシブ教育システム時代の就学相談モデル」では、就学支援チームのよる就学相談（5自治体の就学相談事例）等、7観点からの就学相談への言及。第4章「転学相談の実際」。第5章「障害のある子どもの保護者・支援者の声」。第6章「就学相談・転学相談Q＆A」。以上が本書の構成であるが、就学相談を扱った同様の書籍でほぼ扱っていない内容が第5章「障害のある子どもの保護者・支援者の声」の部分で、本書の特徴ともいえる。これからの就学相談・転学相談を進める際に大切な視点としたい点でもある。

　どの部分から読んでもらっても、就学相談・転学相談に関する実際的・具体的な内容が分かりやすく記述されている。多忙の中で執筆をしていただいた方々に深く感謝申し上げたい。

　本書の出版・編集作業を進めている折、文部科学省から「新しい時代の特別支援教育の在り方に関する有識者会議（報告）」（2021年1月）が公表された。報告では特別支援教育を巡る状況の変化も踏まえ、インクルーシブ教育システムの理念を構築し、特別支援教育を進展させていくために、引き続き「障害のある子供の学びの場の整備・連携強化」として、就学前における早期からの相談・支援の充実を挙げている。また、「早期からの支援やきめ細かい就学相談を行うため、福祉部局や幼稚園等と連携して障害のある子供の状況を把握すること」の重要性や「きめ細かな就学相談と保護者への具体的な情報提供及び学びの場の検討等の支援」等の必要性が強調されている。私どもが本書の編集に際して重要視した内容が推進していくべき課題として改めて再整理されている。

　これからの就学相談・転学相談の在り方について、読者の皆様と共に学んでいければと思う。結びに、出版に際してご尽力くださったジアース教育新社の加藤勝博社長に感謝申し上げたい。

全国特別支援教育推進連盟理事長　宮﨑 英憲

監 修 ————————————————————————————————

　宮﨑 英憲　　全国特別支援教育推進連盟理事長

企画・編集 ————————————————————————————————

　市川 裕二　　東京都立あきる野学園校長
　緒方 直彦　　東京都立町田の丘学園校長

執 筆 ————————————————————————————————

まえがき

　宮﨑 英憲　　前掲

第1章

　市川 裕二　　前掲

第2章

　緒方 直彦　　前掲
　波田野 茂幸　放送大学准教授
　西牧 謙吾　　国立障害者リハビリテーションセンター病院長
　　　　　　　　発達障害情報・支援センター長（併任）
　深谷 純一　　東京都立高島特別支援学校校長
　川崎 勝久　　新宿区立花園小学校・幼稚園校園長
　市川 裕二　　前掲
　大西 孝志　　東北福祉大学教授
　光真坊 浩史　品川区立品川児童学園施設長
　加藤 正仁　　社会福祉法人からしだね　うめだ・あけぼの学園学園長
　山岸 直人　　東京都立八王子盲学校校長
　朝日 滋也　　東京都立大塚ろう学校校長
　北川 貴章　　独立行政法人国立特別支援教育総合研究所主任研究員
　長岡 利保　　横浜市立浦舟特別支援学校校長

第3章

田中 容子　三鷹市教育委員会参与・連携支援コーディネーター

栗原 秀人　深谷市教育委員会深谷市立教育研究所指導主事

丸山 和夫　岡谷市教育委員会教育総務課子ども総合相談センター長

濱辺 清　　東京都教育庁指導部特別支援教育指導課
　　　　　　（都立学校教育部特別支援教育課兼務）
　　　　　　東京都特別支援教育推進室統括指導主事

芝 沙奈恵　葛飾区教育委員会事務局指導室特別支援教育係長

片山 亜紀　東京都立高島特別支援学校主任教諭・特別支援教育コーディネーター

第4章

緒方 直彦　前掲

第5章

松原 未知　NPO 法人 NECST 就労移行支援事業所 ビルド神保町
　　　　　　社会福祉士・精神保健福祉士・就労支援員

川村 智美　東京都立港特別支援学校高等部 3 年生保護者

空岡 和代　東京都肢体不自由特別支援学校 PTA 連合会
　　　　　　東京都立村山特別支援学校 PTA 会長

大岡 千恵子　一般社団法人日本自閉症協会事務局長

多久島 睦美　NPO 法人全国 LD 親の会副理事長

第6章

緒方 直彦　前掲

濱辺 清　　前掲

深谷 純一　前掲

市川 裕二　前掲

あとがき

宮﨑 英憲　前掲

（掲載順、所属・役職は原稿執筆時）

インクルーシブ教育システム時代の
就学相談・転学相談
一人一人に応じた学びの実現を目指して

2021 年 7 月 27 日　第 1 版第 1 刷発行

監　　修　　宮﨑 英憲
企画・編集　　市川 裕二・緒方 直彦
編　　著　　全国特別支援教育推進連盟
発 行 人　　加藤 勝博
発 行 所　　株式会社 ジアース教育新社
　　　　　　〒 101-0054　東京都千代田区神田錦町 1-23　宗保第 2 ビル
　　　　　　TEL：03-5282-7183　FAX：03-5282-7892
　　　　　　URL：https://www.kyoikushinsha.co.jp/

表紙デザイン・DTP　　土屋図形 株式会社
印刷・製本　　シナノ印刷 株式会社
Printed in Japan
ISBN 978-4-86371-590-5
○定価は表紙に表示してあります。
○乱丁・落丁はお取り替えいたします。（禁無断転載）